Z世代と紡ぐ企業の未来

今、若者たちと

日本経済新聞社
日経BPコンサルティング 編

日本経済新聞出版

まえがき

日本経済新聞社は、２００７（平成19）年9月から約2年半にわたり、第一線で活躍する経営トップの皆様から若者へメッセージを贈る広告企画「今、若者たちへ ～次世代に贈るメッセージ」を日本経済新聞の紙面で展開いたしました。団塊世代の大量退職やリーマンショックなど、社会構造が急激に変化する時代背景の中で、次世代を担う若者を応援する企画として読者から大きな反響をいただきました。

時代は平成から令和へと移り、世界は我々の想像をはるかに超えて変わりました。新型コロナウイルス感染症（ＣＯＶＩＤ－19）のまん延や格差の拡大、ロシアのウクライナ侵攻……。我々が歩む次の10年はさらに不透明な時代が続くだろうことは想像に難くありません。いまだ先の見えない道を突き進み、持続的な成長を果たしていくためには、企業独自のパーパス（会社の存在意義）を構築し、社員と共有することが重要です。そこで、誕生したのが、広告企画「今、若者たちと ～次の10年の話をしよう」です。

人々の価値観が多様化するいま、企業を取り巻くステークホルダーの価値観も多様化しています。中でも、若者たちはいち早くその変化を先取りし、未来に対して責任感を持って行動する人が増えています。こうした若者たちとの対話を通して、企業が掲げるパーパスを広く社内外に宣言・発信することが、企業の持続的な成長につながります。

本企画にはすでに多くの企業・グループのトップ層にご登場いただいており、このたび、書籍の第2弾を発行する運びとなりました。本書では、人的資本に関する有識者へのインタビューや各種コンテストで優勝を勝ち取ったZ世代からの声なども加え、若者世代と共にイノベーションを生み出す仕組みづくりや企業経営のヒントを紹介しています。

取材にご協力いただいた皆様に謝意を表するとともに、本書が若者たちと共に歩む皆様のご参考になることを願っています。

2023年8月

日本経済新聞社

今、若者たちと

Z世代と紡ぐ企業の未来

目次

第1章 若者と共に歩む企業トップ

18 創業125年〝バックキャスト〟でさらなる未来へ

共同印刷 藤森康彰 社長

TEAR
ティア
THRC

Goldwin

第2章
識者に聞く、若者世代との歩み方

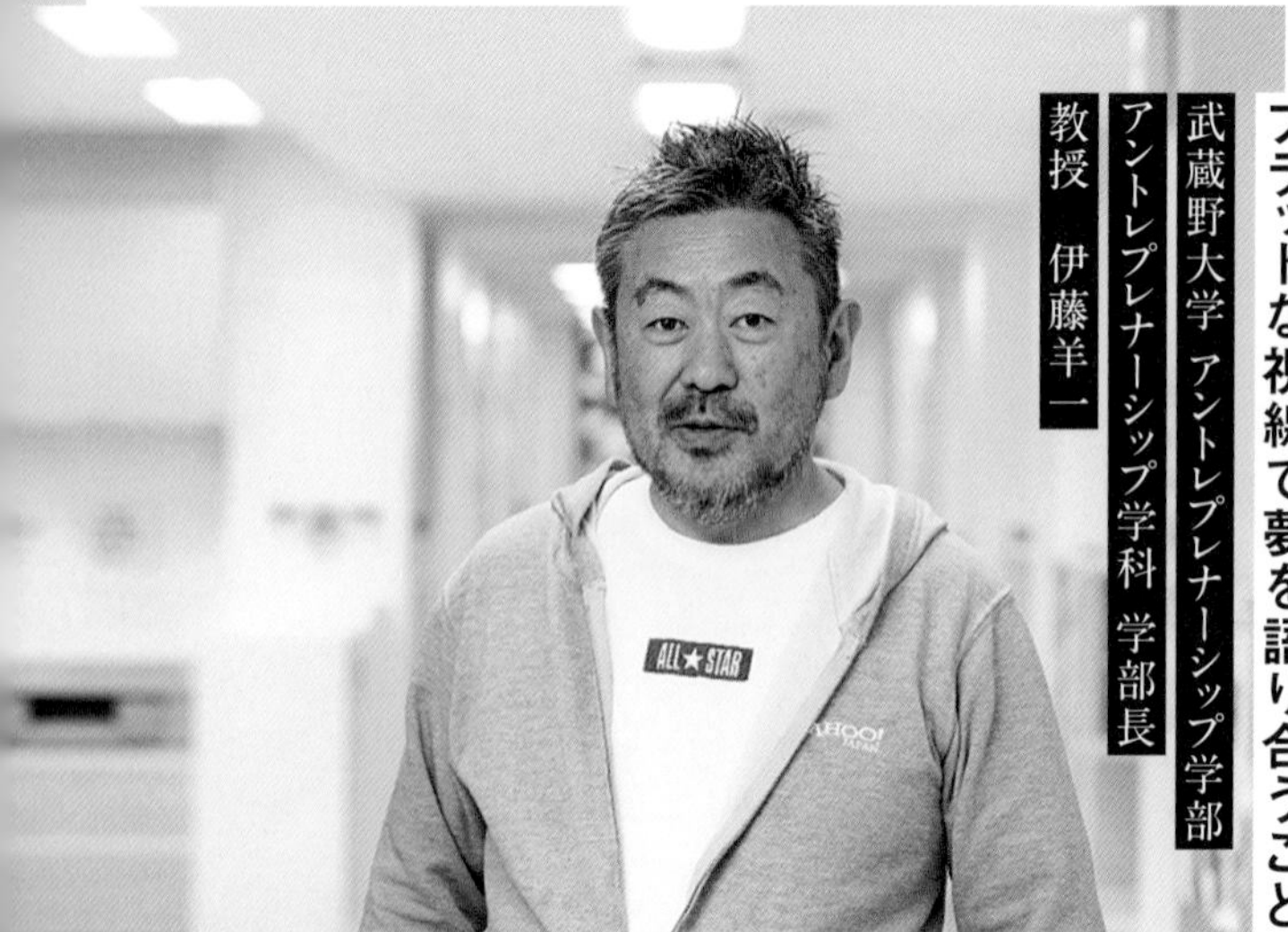

停滞した日本を元気にする鍵は
フラットな視線で夢を語り合うこと

武蔵野大学 アントレプレナーシップ学部
アントレプレナーシップ学科 学部長
教授 伊藤羊一

250

社会課題を解決したいという思いで
技術と知恵を持ち寄り、新たな価値を生み出す

第１回 高専 GIRLS SDGs × Technology Contest
文部科学大臣賞
沖縄工業高等専門学校
チーム「パイナッポー🍍」

第1章

若者と共に歩む企業トップ

企業トップと、次世代を担う若手との対談企画。日本経済新聞は2021年10月から「今、若者たちと ～次の10年の話をしよう」を連載開始。本章は、企業トップと、次世代を担う若手との対談で構成されています。

※座談会出席者のプロフィルは取材当時のものです。

平田 三貴 さん

ひらた・みき／情報セキュリティ事業本部ビジネスメディア事業部・入社7年目。主に金融機関を担当。帳票や通帳、各種カードの製作、「口座開設Webアプリ」の提供などを手掛けている。テレビドラマや映画を観るのが趣味。

礒部 稔梨 さん

いそべ・みのり／生活・産業資材事業本部L＆I事業部・入社6年目。今は歯磨き粉、日焼け止め剤などを入れるチューブの製作を担当。趣味はホットヨガ、旅行。

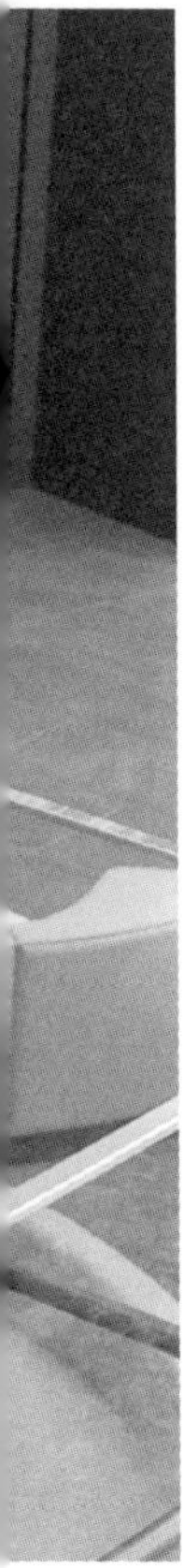

DIALOGUE

創業125年 〝バックキャスト〟で さらなる未来へ

共同印刷・藤森康彰社長

松原 将人さん

まつばら・まさと／情報コミュニケーション事業本部プロモーションメディア事業部・入社8年目。販売促進用の媒体制作などを担当。学生のときには行動心理学、行動経済学に興味を持ち、学んでいた。10年以上、ダンスを続けている。カメラでポートレートなどを撮るのも好き。

創業から125年を経た総合印刷会社、共同印刷が企業の理念・風土の改革へ大きく舵を切ろうとしています。キーワードは「バックキャスト」と「B to B to C」。B to Bをメインとする受注ビジネスの存在意義を、未来から今を逆算する視点や、最終消費者のことを思うB to B to Cの視点から課題解決を目指すビジネスを通じ、より強固で社会性のある、持続可能なものにしよう、という考え方です。

藤森康彰社長との座談会で仕事への熱い思いを語った若手社員の姿からは、消費財やコンテンツづくりなど、いわゆる「印刷会社」の枠を越えた新たな企業価値創出を探る挑戦の道筋がはっきりと見えてきました。

多くの消費財に関係する会社
コンテンツや商品パッケージもつくる

藤森　当社は社名や「総合印刷会社」という説明からの類推で、印刷だけを手掛けているように思われがちですが、実際には家庭で使われているモノ、消費財のほとんどに何らかの形で関わっている、消費者に身近な企業です。印刷事業との関わりなどからコンテンツの制作もしますし、商品パッケージもつくっています。

礒部　私は大学で心理学を学んでいたので、消費者の心理や行動に興味がありました。商品パッケージは購買行動をするときの判断基準になり、中身より外見で商品が選ばれることが多い。パッケージに関係する仕事だけに絞って、就職活動をしました。

私が携わっているパッケージの仕事は「技術力」が問われる面が大きいです。口に入れるもの、肌につけるものの容器をつくっているので、衛生面や機能性は必須である一方、見た目をどんどん進化させたいという要望が非常に多くなっている。容器の素材調達から始めなければならないので、化学分野の細かい情報を勉強しなければなりませんでした。

平田　私ももともと広告とかパッケージに興味を持っていて、そこから、印刷会社に興味を持ちました。総合印刷会社はいろいろなサービスを手掛けていて、様々な顧客企業に関わることができることが魅力だと思いました。

松原　私は媒体、情報伝達に関係する、いろいろな分野のお客様の販売促進を支援するような仕事がしたくて、就職活動をしました。

「総合印刷会社は仕事でいろいろな企業に関わることができるのも魅力です」（平田さん）

「インスタ映え」も看過できず
販促メディア使い分けの時代

藤森　皆さんの志望動機にも垣間見えることですが、当社の場合はB to Bという感覚を超え、できるだけB to B to Cの視点を意識してほしいと言っています。

ビジネスは何であれ、必ず最後はC（消費者）につながる。B to Bのお客様企業に喜んでもらうのと同時に、そのお客様企業の商品がどこかで売られるとき、それを手にする最終消費者のところで価値を認めてもらわないと、我々の存在意義はありません。

お客様にとってのCのところを我々が知っていないと、真の意味で、お客様が儲かる、良かったと思われるような提案はできない。スピード感を持って、これをやらなければなりません。

礒部　最近は、パッケージがインスタ映えするから買うといった話もか

「SNSなどで消費者の
声を聞きやすくなりました」
（礒部さん）

なり多い。商品パッケージの開発では、そうした消費者の情報を入手するということが大事になっています。今の時代、ＳＮＳなどで消費者の声を非常に聞きやすくなりました。

松原　今、消費者の価値観がかなり多様化していて、それに応じて販促メディアも使い分けていく必要がある。「店頭で向き合う」とか「電子商取引（ＥＣ）で完結する」など。価値観ごとにプロモーション施策を打たなければいけなくなっています。

お客様企業の販売促進計画に、どのようなタイミングで、どのような提案ができるか。これまでのように「カタログ何十万部つくって納めます」というのではなく、「この場合はＷｅｂのツールを使いましょう」「こんな場合は紙媒体も一緒に」といった提案をしていく。toＢの売り上げ・利益が拡大するようなtoＣに向けた施策を、パートナーとしてお客様企業と一緒につくり上げていくということが求められています。

スピード感を求められるのは今に始まったことではないですが、Ｂto

「BtoBtoCの視点での
提案の必要性が高まっています」
（松原さん）

ＢtoＣの視点での提案の必要性が高くなったというのは実感しています。

平田　私が担当する金融機関のお客様からは、求められることがけっこう増えてきています。規制が厳しくなったりすることが背景にあり、事業戦略というよりは、お客様が変化に対応していくためのお手伝いをする。そのような場面では、私たちがどれだけ柔軟に対応できるかということが重要だと認識しています。

例えば、「口座開設Ｗｅｂアプリ」の提供。お客様は常に先を見ていて、「こういった機能も、将来的にできるのですか」というようなご相談をいただくことがあります。そもそも私たちも、社会変化の激しさや、そうしたお客様のニーズがあるだろうということを踏まえたうえで、拡張性のあるアプリをつくっていますが、常に先々の技術情報や、世の中の進む方向を見ていかなければならないと実感しています。

私の所属事業部では、お客様企業の業務を請け負うＢＰＯサービスも取り扱っていますが、今まで紙で処理していたものをどんどんデジタル処理に変えていくというような変化が進んでいます。従来の紙の手続き・処理を知っているからこそ、ただのデジタル化ではなく、お客様ごとの事情を踏まえた対応ができる。かゆいところに手が届くようなデジタルソリューションを提供できると思っています。

当社は今、「ヘルスケア」「相続」といった、高齢化に絡んで重要な社会課題になっていくであろう分野でのBPOサービスの拡大に注力しています。

会社の未来、社員3200人で考える
部門間異動 活発にしたい

藤森　昔は企業として経営状態が良ければ、基本的にはそれでよかった。これが特にこの10年くらいで急速に変わり、企業というのは社会における公器ということになりました。社会全体に対して共同印刷が存在する意義がどこにあるのか。こうした視点で企業活動を考えていないと、これからは生きていけない。「共に未来をつくっていきましょう」と掲げた

コーポレートブランドの「ＴＯＭＯＷＥＬ（トモウェル）」は、当社が今、置かれているそうした社会環境の中で目指すべき姿と合致しています。

多様化する価値観の影響で、これから先の世の中においても、相当な変化が続くと思われる。こうした未来を想定し、その未来を徹底的に議論する。そこから戻ってきて、では、今、何をするか。「バックキャスト方式」といいますが、そうしたものの考え方を繰り返していくことが企業にとって非常に大事になったと思っています。

当社の最新の中期経営計画も、バックキャスト方式で策定しました。我々がどれだけ将来の変化を読み切れるか。それが受注企業にありがちな「待ちの姿勢」からの脱却にもつながりますし、それができれば、企業風土も変わっていく。経営トップとして今の私の最大の課題は、風土改革だと思っています。

今、皆さんの話を聞いて、こういう若い人たちがいろいろなことをよく考えてくれているということがわかり、正直安心しました。当社のグループには社員が３２００人くらいいるわけで、みんなが同じように考

「今、最大の課題は
企業風土の改革です」
（藤森社長）

えてくれれば、多種多様な未来の切り口が見えてくると思います。

社会が変わっていくことを見透かすだけでは、実は足りていないのかもしれない。10年後、こういう環境になるから、そのとき社会はこのように変わっているべきではないか、そのために我々が社会をこう変えていく、というところまで踏み込めれば、私は合格点だと思います。

磯部　社員3200人の「どうなりたいか」を集めて、どういうふうに進められるかということを検討してもいいのかなと思います。ただ、今は仕事としてどうにか未来を読み解こうとしていますが、世の中の流れをつくるのは、世間一般の人々、すなわちC（消費者）です。

そういう意味では、共同印刷の社員というより、それぞれが1人の消費者としての目線で10年後にどうなりたいかを考えていくと、将来、会社がどうあるべきかが本当に見えてくるのではないかと感じます。

松原　価値観の変化や多様化とともに、私たちの毎日の仕事のやり方もどんどん変わっていかざるを得なくなっています。営業の場合、専門分野を全部知っておくのは無理なので、必要に応じてプロジェクト的にチームを組んで、その都度、専門家から知見を得るようなスタイルに変わってきている。世の中で今、何が起きているかや、技術に関する情報などを、広くとり入れていかなければならなくなっています。

藤森　当社を含め、印刷会社というのはこれまで事業部門間の人事異動が少なかった。これは、一人ひとりの視野を広げる上で支障になってきたと私は思っており、これからは可能な限りいろいろな事業を経験できるような異動が、もっと頻繁に起きるような会社にしていきたいと思っています。

（2022年7月14日付 日本経済新聞朝刊の掲載原稿を加筆・修正して掲載）

共同印刷の事業展開

出版社の印刷工場としてスタート。出版物の印刷を祖業とし、事業領域を広げてきた。現在、事業部門は大きく情報コミュニケーション、情報セキュリティ、生活・産業資材の3つに分かれる。情報コミュニケーション事業本部では出版印刷のほかポスター、カレンダー、カタログといった商業印刷を扱い、プロモーションに関する様々な提案も行っている。情報セキュリティ事業本部では交通系、クレジットなどの各種カードや伝票類の製作、企業の業務を受託するBPO（ビジネス・プロセス・アウトソーシング）サービスなどを手掛けている。商品パッケージを扱う生活・産業資材事業本部では、紙器（しき）と呼ばれる、いわゆる紙箱から始まり、プラスチックのフィルムを使った包装材、歯磨き粉や化粧品用のチューブなど、商材を増やしている。

TOMOWEL

「関わるすべてと共に良い関係であり、未来を創り拡げていく」という思いを込め、共同印刷グループは、創業120年を迎えた2017年にコーポレートブランドの「TOMOWEL（トモウェル）」を導入した。このTOMOWELが描き出す「10年後のミライ」に向けた「未来起点の変革」として同社は、①情報のトランスフォーメーションで人と人とをつなぐ②スマートシティの実現に貢献③サーキュラーエコノミーの実現に貢献――を掲げ、新たな価値創造、社会課題の解決に取り組んでいる。

牧野 未歩 さん

まきの・ みほ／東海第二事業部・ティア岡崎北・セレモニーディレクター・入社2年目

野中 萌生 さん

のなか・ほうせい／東海第一事業部・ティア味美・セレモニーディレクター・入社2年目

DIALOGUE

感動のセレモニーで「命へのありがとう」をつなぐ

ティア・冨安徳久社長

セレモニーディレクター

通夜・葬儀の責任者として、ご遺族との打ち合わせ、関係各所への発注、式場の設営から儀式の進行、ご自宅の祭壇の設営など、葬儀にまつわる一連の事柄に責任を持って取り仕切り、ご遺族をサポートします。

葬儀を手掛けるティアが急成長を続けています。18歳で葬儀業界に出会った創業者の冨安徳久社長が「哀悼のセレモニーにとどまらず、感動する葬儀を届けたい」との思いで1997年7月に独立・創業してから25年。わかりやすい価格体系など、過去の慣習にとらわれない様々なサービスを打ち出すことで支持を集め、サービス業を志望する学生が就職先として選ぶケースも増えています。

創業時に掲げたスローガン「日本で一番『ありがとう』と言われる葬儀社」を令和の時代にもつなげる冨安社長が若手社員に向けて葬儀業界の果たすべき役割や未来図について語りました。

18歳で出会う生涯の仕事
サービス業精神で業界改革

——18歳で生涯取り組む仕事と出会いました。

愛知県の出身ですが、山口県の大学に進学が決まり、移り住んで入学前のアルバイトとして葬儀の仕事に巡り合いました。そこで出会った社員の方が「ここまでやるか」というくらいご遺族に寄り添い、涙ながらに「ありがとう」と感謝をされる光景を目の当たりにしました。

葬儀という仕事はこんなに感謝をされ、自分のことを認めてくれる仕事なんだ、そして、間違いなく役に立っていると感じたことが、人生を変える出会いになったと思います。その光景から、大学進学を取りやめ、正式な社員として入社し、葬儀業を一生の仕事にしようと決めました。

子どものころから両親や祖母から「自立しなさい」「人のために生きなさい」と教えられて育ったことも大きかったと思います。そんな土台があったからこそ、これだという仕事を見つけたら迷うことなく行動することができました。

——愛知県に戻ってからも葬儀社に入りました。

家族の事情で愛知県に戻ると決めたときに、最初の会社の社長が紹介状を書いてくれました。その後、別の会社に移り、18年間のサラリーマン生活で3つの葬儀社を経験したことになります。業界の良い面も、疑問に思う部分も学ぶことができ、ちょうど30歳の時に、疑問に感じた点を改革し、自らの理想を貫くには起業するしかないと心に決めました。

サラリーマン生活の最後の3年間は営業の仕事をする傍ら、会社を興す準備も進めました。異業種交流会などに参加して事業計画書のつくり方や会社の興し方を勉強し、資金集めにも奔走しました。

——97年の設立当初から「哀悼と感動のセレモニー」を経営理念とし

て掲げています。

経営理念の冒頭にとにかく感動という言葉を入れたいと思いました。哀悼のセレモニーは葬儀社であれば提供できることです。何が感動をもたらすかというと、故人様のこれまでを思い出せる場面を作り、悔いの無いように最期の時間を故人様と共に過ごしてもらうことです。これが、最期に感動に変わりますし、ご遺族の悲しみを和らげることにつながります。

私たちの仕事はあくまでもサービス業です。悲しんでいるご遺族に徹底的に尽くすという気持ちで臨んできたことによって、今日のティアがあると思っています。

「葬儀社は終活にかかわる
サービスを提供する
社会インフラになると思います」
（冨安社長）

会社説明会で働く意義を直接伝える
終活にかかわる社会インフラを目指す

――06年に名証セントレックスに上場、14年に東証一部、名証一部に上場しました。今ではサービス業を志望する学生が葬儀業を就職先の一つとして考えるようになりました。

上場にこだわったのは世間的に誇れるようなわかりやすい旗印がないと新卒の方に会社説明会にも来てもらえないと考えたからです。私自身、自分が死と向き合うこの仕事に出会って人間的に成長できたと感じています。成長する場面に多く向き合えるこの仕事をたくさんの若い人にも知ってもらいたいとの思いが上場にこだわった理由の一つです。

毎年、新卒を積極的に採用していますが、会社説明会では必ず私も参加して、この仕事の素晴らしさを直接伝えるようにしています。

――これからの葬儀業界をどう考えていますか。

これまでの25年間は消費者の立場に立った業界改革に取り組んできましたが、終活にかかわるサービスを提供する社会インフラというのがこれからの葬儀社のあり方だと考えています。最期を過ごす場所・サービスを提供する事から、その後の相続や空き家対策など、ニーズに合わせて総合的に相談に乗るというのが葬儀社の役割になると思います。また、葬儀会館には駐車場やホールがあるため、災害発生時の避難所としての役割を果たすこともできます。

故人様を対面で送り、死を五感で感じることは、命が引き継がれていく中でとても重要で、令和の時代になっても絶対に変えてはいけないと思います。一方、ＳＤＧｓ（持続可能な開発目標）に関わることなど、新しい時代に合わせて変わるべきところは変える必要もあります。

残すべきことと変えていくべきこと、この両輪をバランスよく、しかもスピード感をもって進めていく。10年先、20年先の葬儀業界のあり方をティアが形にして、推し進めていかないと、業界を牽引することはできないと思っています。そのためにも新卒で入ってきた若手社員たちの感性が重要で、彼らがこれからの時代を考えていくべきです。

ただ、売上至上主義になっては困ります。感謝と「ありがとう」を頂いた先に売上や利益があるという点だけは間違えたくないので、「日本で一番『ありがとう』と言われる葬儀社」を生涯スローガンと位置付けて社内に浸透するようにしています。

——22年9月期をＳＤＧｓ元年と位置付けました。

ティアの根幹をたどるとＳＤＧｓに関わることが多くあります。例えば、創業時から生活保護受給者の葬儀も取扱い、全ての人に尊厳のある弔いを提供する事はまさにＳＤＧｓの17の目標と重なる部分だと考えています。25周年を機に、こうした取り組みを内外に発信するため、ＳＤＧｓを担う部署を立ち上げました。学生の約7割は企業のＳＤＧｓへの関与を重要視するというアンケート結果もあり、ＳＤＧｓ達成に向け取り組んでいる活動を発信する事は重要です。現在の取り組みを社内外に発信しつつ新たな施策を推進するには専属の部署が必要だと考えました。

――経営者としての顔のほか、「命の授業」という生徒向けの講演活動にも積極的に取り組んでいます。

私のライフワークとして14年から始め、全国の小・中学校、高校を訪問しています。講演で伝えたい内容の根底にあるのは感謝です。ご先祖がその時代を一生懸命に生き、命をつないでくれたからこそ、自分が存在しているという事を伝えています。長年、私が葬儀に携わった経験を通じて、子どもたちに命の尊さを伝えることは価値があると考えています。

（２０２２年８月29日付　日本経済新聞朝刊の掲載原稿を加筆・修正して掲載）

人の役に立つ、必要な仕事
後悔のないお別れ　支え続ける

人のために働ける、人の役に立つ仕事と考え、入社しました。入社するまでは「感謝」や「ありがとう」について、深く考えることはありませんでした。この仕事に携わるようになって、心からのありがとう、唯一無二のありがとうは、お客様に真摯に向き合って対応しないと頂けないものということに気づかされました。

　コロナ禍が収まっても葬儀に対する考え方は変わり続けると思います。葬儀の形がどう変わろうとも、残されたご家族や友人が、故人様に対して感謝やありがとうの言葉をきちんと伝えられて、後悔のないお別れをしてもらうためのお手伝いを全力でできればいいと考えています。

「心からのありがとう、唯一無二のありがとうは、お客様に真摯に向き合って対応しないと頂けないものということに気づかされました。」（野中さん）

人の死がいつ訪れるかわからないという不安が社会に広がる中、全ての人がいずれは関わる葬儀という仕事に興味を持ちました。入社して実際に葬儀の仕事に従事すると、死を通した人との別れは悲しく寂しいものであると同時に、葬儀を通じて最期のお別れを後悔のないようにみんなで送り出してあげることができる温かい場所だとも感じました。

　コロナ禍で一般葬に代わって家族葬が増えたり、会食が減ったりということがあり、これからも社会の情勢によって葬儀業界もいろいろ変わっていくと思います。どういう状況にあってもご遺族の思いをくみ取り、後悔のないお別れができるようにしていくことが大切だと思っています。

「葬儀を通じて最期のお別れを後悔のないようにみんなで送り出してあげることができる温かい場所だとも感じました。」（牧野さん）

清水 碩人 さん

しみず・ひろと／セキュリティサイバーレジリエンス本部セキュリティコンサルティング部。担当業務はシステムの脆弱性診断とコンサル。お客様のシステムやネットワークに疑似的な攻撃を加え、セキュリティー上の問題点などを洗い出す。

乾 泰輔 さん

いぬい・たいすけ／デジタルソリューション本部デジタルソリューション第1部。ポイント決済システム開発のプロジェクトリーダー。ベトナムでのポイントシステム導入の仕事も経験、責任者としてシステムをつくり上げた。

DIALOGUE

広がる挑戦の気風
社内で「垂直の協創」も

日立ソリューションズ・山本二雄社長

中村 菜々さん

なかむら・なな／デジタルイノベーション営業本部Modernization営業部。マイクロソフトの業務アプリの営業を担当。2019年7月からタイ駐在。同国市場で業務アプリの営業・拡販に携わり、22年4月に帰国した。

持続可能性を重視しながら稼ぐ力も高めるサステナビリティー・トランスフォーメーション（SX）を、経営の重要テーマとして打ち出した日立ソリューションズ。

その主役として期待するのが社会問題や環境問題に敏感な若者たちです。若手社員の力を引き出そうと「挑戦」を後押しする制度を相次ぎ導入しているほか、組織や上下の枠を取り払い、社内のコミュニケーションを促すことにも力を入れています。山本二雄社長との座談会で、若い世代から挑戦に向けた熱き思いがあふれ出しました。

社員がSXを理解・意識するように先を見据えた相談、お客様から多く

山本　2021年度からSXを意識した活動に取り組んでおり、ワークショップを開くなどして、まずは社員がSXをきちんと理解し、何を意識すればいいかを考えるようにしています。22年度からはSXの活動を事業分野にも広げています。私たちが社会に存在するパーパス（存在意義）の再定義や誰でも自由に参加できるアイデアソンなど、お客様の課題を本当に解決できることって何だろうというプロジェクトを多角的に進めています。

乾　お客様のSXへの意識がより高まっていると感じます。決済代行会社の決済システムを入れ替える際、中長期的な変化に対応でき、持続的な成長が可能となるような基盤づくりを要望されます。SXパートナーとして寄り添い、持続可能な経営に貢献したいです。

「SXパートナーとして寄り添い
お客様の持続可能な経営に
貢献したいです」
（乾さん）

中村　クラウド型の業務アプリの営業をしている中で、新常態を契機に、クラウドシフトの動きが一層加速していると実感しています。データをクラウドサービスで利活用したり、経営に生かせるように分析したりしたいと、先々を見据えた相談をよく受けるようになりました。

清水　担当業務は情報システムのセキュリティーの検査を行う脆弱性診断です。脆弱性診断の市場で競争力を保つために、社内教育や勉強会を通じてスキルアップを図り、人工知能（ＡＩ）を活用して業務プロセスの大幅な効率向上につなげようと努力しています。

若い人の発想なしに企業は成り立たず
オンラインで議論、前向きな姿勢に刺激

山本　いろいろな課題をデジタルで解決していくにあたり、大切なのはお客様と一緒に考えたり、トップダウンではなくボトムアップで発想し

たりすることです。10年、30年後の社会問題や環境問題に取り組む主役は、若い人たち自身です。だから若い世代の発想を採り入れ、成長する機会を継続的に提供しないと、これからの企業は成り立たないでしょう。
そのため、ある社員が考えている課題に共感できる人が自発的に集まってディスカッションするオンラインコミュニティーや、だれでも応募でき、米シリコンバレーでスタートアップ設立に挑むプロジェクトなど、社員の挑戦を後押しする制度をスタートしています。

清水　全社的に、社員一人ひとりの挑戦を支援する環境を整備しようという動きが感じられます。私もオンラインコミュニティーに参加しており、先輩方の自発的な姿勢から刺激を受けています。将来的にはスタートアップをめざすプロジェクトへの参加など、新しいことにもどんどん挑戦していきたいと考えています。
新たなスキル習得のための挑戦として社内募集に手を挙げて、今年10月から2年間、現在の部門から離れることになりました。この挑戦に対

「将来的にはスタートアップをめざすプロジェクトへの参加に挑戦したいです」（清水さん）

して上長やチームメンバーが応援してくれています。そういった雰囲気があるので、またこの部門に戻りたい、戻ったときには今以上の価値をお客様に提供できるようになりたいと、自ずと感じています。

乾　最近、社内では感謝の気持ちをポイントで付与し合うシステムが展開されています。社員がお互いを褒めて、働く意欲を高めようという取り組みです。上長との「1on1」という形でのコミュニケーションでも、発言しやすい空気が醸し出されています。

オンラインコミュニティーには情報収集の場として私も参加しているのですが、参加している方がすごく前向きな発言をしています。そうした前向きな姿勢に自分も触発されています。ここで得た知識を積極的にプロジェクトに反映しようという気持ちになり、仕事の実務やモチベーション維持みたいなところで活用させてもらっています。

事業化アイデアソンとかサステナビリティーアイデアソンもあります。自分のアイデアを社会課題という視点で捉え直して仕事に直結させることができるようなプロジェクトが立ち上がっているので、これを機会に自分が携わっている領域にこだわらず、考えている課題をアイデアとしてぶつけてみようという思いがすごくしています。

中村　ここ数年、いろいろなコミュニケーション策が導入され、社員同士が積極的に関わっていこうとする動きが強まっていると感じます。在宅勤務、リモートワークが主になってきた今だからこそ、ありがたみが感じられ、私もすごくポジティブな気持ちで働けています。今置かれている環境とか決められた枠組みの中ではなく、自由に挑戦できるチャンスが増えてきているのかなと感じています。

自分たちもお客様も幸せな会社に課題に取り組む社員、経営陣がサポート

山本　めざすのは社員が幸せである会社です。自分たちが幸せであって

「社員同士が積極的に関わっていこうとする動きが強まっていると感じます」（中村さん）

こそ、いいソリューションを提供できるし、お客様も幸せにできるでしょう。一人ひとりの課題をみんなが「自分ごと」として考え、チームで解決するような会社にしていきたいと思います。

乾　私は半年間の育休を取り、今は在宅で仕事をしながら育児にも関われます。ただ、他社の知人などから在宅勤務の環境が整っていないということや、育休を取りにくいといった話も聞きます。快適に働くことや幸せな生活に向けて、ＩＴで幅広く貢献していきたいと考えています。

中村　現状の仕事は日本と海外と分けて考えがちですが、今後はもっと国内外一体となってビジネスを推進するようになると思います。グローバルに散らばるリソースやノウハウを、バーチャルも交えて最適な形で活用していくようになると思います。

清水　この先、ＡＩスピーカーやあらゆるものがネットにつながるＩｏ

Tを用いた家電の普及で、情報技術が生活に大きな利便性をもたらすと思います。そうした中でセキュリティーの常識を覆すような変化が起こる可能性もあります。将来起こりうる事態に備えて、新しい技術をグローバルに学び、安心・安全な社会の実現に貢献したいと思います。

山本　デジタル技術による社会イノベーションに取り組む日立グループの中核となって、社会課題を解決できる会社でありたいと考えます。社員みんながそれに向かって努力し、私たち経営陣はそうした社員をサポートしていきたい。役職を超えて、多くの社員とオープンにディスカッションし、社内で「垂直の協創」を加速させることで、そこに向かって進んでいます。

（2022年9月30日付　日本経済新聞朝刊の掲載原稿を加筆・修正して掲載）

「日立グループの中核となって
社会課題を解決できる企業で
ありたいと考えます」
（山本社長）

オンラインコミュニティー、スタートアップをめざすプロジェクト

社員の挑戦を「後押ししたい」（山本社長）という日立ソリューションズは、そのための社内制度を相次ぎつくっている。イノベーター育成を目的にしたオンラインコミュニティーを 2019 年度に立ち上げた。現在はイノベーターとその予備軍を中心に約 500 人が参加。ビジネスチャットアプリ「Teams（チームズ）」で情報交換や討論をしたり、ワークショップを開いたりしている。

米シリコンバレーで、自社発のスタートアップ設立をめざすプロジェクトを 22 年度に始めた。社員を2人1組でシリコンバレーに派遣し、ベンチャーキャピタルの下で起業方法を学んだ後、見通しが立てば創業する。このほど最初に派遣する1組の選考を終えた。

山口 愛未 さん

やまぐち・あみ／情報システム室・入社3年目。情報システム1部DX推進課勤務。デジタル環境の整備を通じて各業務を支える。

松渕 悠輔 さん

まつぶち・ゆうすけ／東京支社・入社13年目。空調衛生技術1部技術2課勤務。空調設備の施工管理を担う。

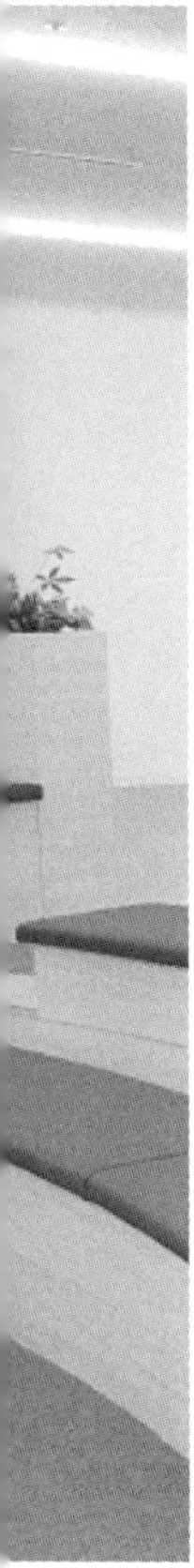

DIALOGUE

より快適な未来を形にしよう

三機工業・石田博一代表取締役社長

三機工業はオフィスビルや工場などの建築設備やプラント設備の設計・施工・運転管理を通じて人々の生活や仕事をサポートしています。社会インフラを支える総合エンジニアリング事業はサステナブル（持続可能）な社会を快適にしていく重要な役割を担っています。

さらに「エンジニアリングをつうじて快適環境を創造し広く社会の発展に貢献する」という経営理念を基軸に「サステナビリティ方針」を定め、未来への使命に取り組み始めました。石田博一社長と若手社員が、快適を形にする「三機らしさ」について語り合いました。

これまでも、これからも、サステナビリティーに貢献
地球環境に寄与する「選ばれる三機」を追求

石田　三機工業は2021年度に「サステナビリティ方針」を発表しました。2050年を目標にしたカーボンニュートラル宣言もしました。当社は1925年の創立当初から、ヒトやモノを快適にするために、空気や水、電気などに関わる社会インフラの各種設備を省エネルギー化、省力化し、環境負荷低減に役立つものを納めてきました。もともと続けてきた当社の業務自体が、今で言うサステナビリティーにつながっています。「サステナビリティ方針」はサステナブル社会に貢献する事業であることを誇りに未来へ向けて仕事をしていく宣言です。

松渕　私は空調設備の現場で施工管理をしています。業務で培った技術力を使ってお客さまに提案し、実現させるのが使命です。設備機器は10

「現場の全員でより良いものを作ればサステナビリティーにつながるはずです」
（松渕さん）

～15年が寿命なので、更新のタイミングで省エネルギー性が高い高効率のシステムの提案をします。建物全体の快適性や二酸化炭素（CO_2）排出量の抑制に努めれば、お客さまのためになります。そのためにより良い提案力を身に付けていきたいです。技術力や知識を向上させて、それを後輩に継承し、現場の全員でより良いものを作っていけるようにしたいですね。そういう現場の体制を作っていけば、カーボンニュートラルやサステナビリティーにおのずとつながるはずです。

山口　私は入社3年目で、DX（デジタルトランスフォーメーション）を推進する仕事をしています。情報システムを担当する部門の役目は、現場の担当者がお客さまへの提案などで快適に仕事ができるようサポートすることです。文書の電子化も進めています。紙の原料となる森林の保護に直結します。現在、タブレット端末やクラウド・ストレージ・サービスを社内で使用し、いつでもどこでも必要な資料にアクセスできる体制を整えています。場所を移動する手段として車を使わなくて済み、間接的にCO_2の削減につながります。現場の皆さんのデジタル環境をよりよくしたいと考えています。

石田　社長に就任した頃、当社の広報誌「三機マンスリー」の1928年創刊号を読みました。その中のコラムに興味深い一文があります。当時は創立して間もない頃だったわけですが、お客さまに恵まれ、誇りを持って仕事ができているという話の中で、「天に謝し、地に謝し、人に謝す」と記述されていたのです。「天に謝し、地に謝し」はまさに地球環境への貢献だなと思いました。当社はずっとそういう仕事をしてきたのだと。これはカーボンニュートラル宣言につながります。「人に謝し」はお客さまや社員への感謝。この3つの感謝の気持ちが当社には脈々と流れています。特にこれからの10年間の取り組みが大切です。

働く環境を良くするスマイル・プロジェクト 社員が助け合い、若手の育成も注力

石田　働き方改革では労働時間の抑制と品質・生産性向上のため、私自らリーダーを務める全社横断的な「スマイル・プロジェクト」に取り組んでいます。互いを尊重し、知識や経験の浅い人には業務量や難易度に配慮しサポートします。若手の育成も考え、総合研修・研究施設の三機テクノセンター（神奈川県大和市）を２０１８年に開設しました。

山口　働き方改革にＩＴ（情報技術）は不可欠です。社内から「こんなことできますか」と多くの相談をもらいます。最近は情報システムの社内セミナーで募集人数の2倍以上も応募がありました。皆さん一丸となってスマイル・プロジェクトを進めている実感があります。

松渕　スマイル・プロジェクトはワークシェアの形で施工現場の支援を

広げています。例えば、現場担当者の代わりに安全管理の書類を作成してもらっていて非常に助かっていますが、書類の内容や関わる現場がどんな現場なのかについてサポートしてくれる方にも知ってもらいたい。同じ目的を持って関わることで、モチベーションもより上がりますし、一緒に作り上げているとみんなが思えることが大事だと考えます。このテクノセンターを利用して不足する点を学び合えるとうれしいです。

石田　人は財産です。人に投資するということは、社員一人ひとりに自らを向上してもらうことです。また、社員みんなで活用できる三機テクノセンターのような施設を作ることも人への投資になります。社員みんながそれぞれ学んで成長していくために必要なものを投資と捉え、人材の育成を進めていきたいと思います。

山口　私は情報システムの仕事に関連し、今注目されているノーコードについて勉強しているところです。今後、社内で皆さんが使っていくと

「一丸となって
スマイル・プロジェクトを
進めている実感があります」
（山口さん）

想定しています。また、私は新型コロナウイルス禍の中での入社でしたので、実際の施工現場を見に行く機会があまりありませんでした。現場のことをもっと知りたいので、直接見学をして学びたいと思っています。

石田　私が社長になった2020年からずっと、リモートワークが中心ですね。オンラインで研修もできますが、実体験の形では、なかなかさせてあげられなかったと思います。そこでまず今秋、入社式をはじめまだ同期が全員集まったことが一度もない年次については宿泊型の研修会を行います。この機会を通して、同期の「きずな」の形成に役立ててほしいと思っています。

松渕　いろいろな現場を経験してきましたので、教育ということで今、特に力を入れているのは、後輩たちに自分の技術を伝えることです。昨年、27階建ての新築ビルを手掛けた際、入社間もない新人に「この材料」と言っても理解してもらえないことがありました。その新人も研修は当然受けていましたが、実際にモノを見たことないので、分からなかったのです。そこで私なりに材料の写真を撮ったり、実際のモノを用意したりして、「こういうところをチェックしよう」というシートを作成し、定期的に勉強会を開いています。もっとたくさんのことが共有できれば、現場で自信をもって指示を出せます。結果的に業務の効率化につながり、みんなでスキルアップし、生産性も上がります。

石田　社風なのかもしれませんが、「人は財産」ということをみんなが分かっています。仕事の中で学び合い、後輩が育てば、自分も成長できるというプラスの連鎖です。いい相乗効果が生まれるでしょう。ぜひ勉強会を続けてください。

石田社長が若者に伝えたいこと
持続可能な社会を支える仕事に
誇りを持って取り組もう

石田　２０２５年に創立１００周年を迎えます。「質と信頼を高め、選ばれ続ける企業へ」を22～25年度中期経営計画で掲げています。お客さまに納めるものが地球環境や社会への貢献につながれば、当社はサステナブルに選ばれます。そのためにも、「地球ＭＩＲＡＩプロジェクト」を近く始めます。社員の新しい自由な発想を集め、未来の事業の種を育てたいと考えています。こういうものを作ってほしいな、でもいいですし、自分ではなく社内の誰かが開発してくれれば、というのでもいいです。みんなで種を考え、それを実現していく形をつくりたいということです。

松渕　当社は長い歴史のあるところがブランドで、社員としても誇りですが、より良く進化していきたいです。新しいもの、より良いものを考

「みんなで種を考え、
それを実現していく形を
つくりたいです」
（石田社長）

えていくにはパワーが必要ですが、時代の変化とともにずっと変わり続けていくべきだと認識しています。そういう意味で「地球ＭＩＲＡＩプロジェクト」を石田社長自らが展開してくれるのは、すごくありがたいです。私も何か考えて応募します。

山口　人が温かく、いきいきと働けるのが魅力の会社ですが、そうしたプロジェクトはさらにモチベーションの向上につながると思います。私もぜひ挑戦したいです。今日の対談の機会もそうですが、若い社員がチャレンジできる環境があり、これからもいろいろな経験をしていきたいです。

石田　当社はサステナビリティーを見つめ、社会に役立ってきました。皆さんが今取り組んでいる業務も、サステナビリティー社会の一翼を担う仕事です。それに根差している仕事ですので、十分胸を張り、誇りをもって仕事をしていただきたいと思っています。それが皆さん、若い人たちに伝えたいことです。より快適な未来を形にしていきましょう。

（２０２２年11月25日付　日本経済新聞朝刊の掲載原稿を加筆・修正して掲載）

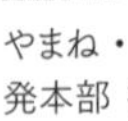

山根 瑛子 さん

やまね・えいこ／エスアールエル 研究開発本部 技術推進部 臨床開発課・入社3年目。入社以来、コロナ関連検査や新規検査開始のためのデータ取り、検証、レポートの作成などに取り組んでいる。現在は、H.U.グループ中央研究所と共同で多岐にわたる検討を行っている。

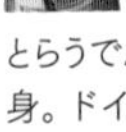

トラウデン 直美 さん

とらうでん・なおみ／モデル。京都府出身。ドイツ人の父と日本人の母を持つ。慶応大学法学部卒。「2013ミス・ティーン・ジャパン」でグランプリ受賞。雑誌やファッションショーのほか、報道や情報番組でも活躍中。21年から「環境省サステナビリティ広報大使」を務める。

DIALOGUE

コロナ関連の医療で貢献
ヘルスケア事業を幅広く

H・U・グループホールディングス・竹内成和
取締役 代表執行役会長 兼 社長 兼 グループCEO

小林 勇太さん

こばやし・ゆうた／エスアールエル 首都圏検査部 町田検査課・入社6年目。横浜市内の病院検査室勤務。医療機関で採取された血液や尿などの検体を検査する臨床検査技師。対象は血糖やコレステロール、白血球など健康診断でもおなじみのものから、感染症検査やがんのマーカー検査など幅広い。

医療現場で一般的な臨床検査から、がんやアルツハイマー、新型コロナウイルス向けなど最新の検査まで担い、検査試薬の開発にも取り組むH．U．グループホールディングス。今後はヘルスケア事業を幅広く展開していく方針です。

竹内成和会長兼社長を囲んだ座談会では、報道番組で医療現場の取材をしたこともあるモデルのトラウデン直美さんが健康でいられる安心社会に期待を寄せ、若手社員は同社のビジョンにある「ヘルスケアの発展」につながる仕事ぶりや思いを前向きに語りました。

「H」と「U」は……社名変更に込めた思い
検査と試薬、両事業が相まって成果

竹内　当社は病院で採取された血液や尿などを検査し、結果を医療現場にフィードバックする受託臨床検査と、検査で必要な試薬の開発・製造などを手掛けています。人生100年時代を迎え、我々が今まで担ってきた役割を変える必要がでてきました。どうしたら病気にならないか、健康寿命を長く維持できるかが一層大事になってきたのです。そのため検査や試薬中心とした方向から広くヘルスケアの方向に進んでいこうと2020年に社名を変えました。H．U．は「Healthcare for You」を表しています。

がんゲノムなど検査はどんどん高度化しています。それに対応するためには、基礎研究を強化すべきだと考え、17年にグループの基礎研究機能を集約したH．U．グループ中央研究所を設立しました。中央研究所、受託臨床検査のエスアールエル、試薬を開発・製造する富士レビオなど

「病気にならず、
健康寿命を長く維持することが
一層大事になってきている」
（竹内会長兼社長）

が一体となることで、グループ内にヘルスケアにおける一つの循環をつくり出しています。

臨床検査と検査試薬の両業務を同じ資本の傘下で行っている例はほとんどありません。シナジー効果が薄いのではといわれた時期もありましたが、コロナ禍においてはこのシナジーによっていち早く、抗原検査のキットや試薬を世に出すことができました。検査で確認したデータをすばやく試薬開発に回す循環を生み出したからこその成果だと思います。日本のコロナ関連の医療に対して大きな貢献ができたと自負しています。

トラウデン　医療体制が充実していたり、検査ができる環境が整っていたりする安心感は私たちの健康にとって非常に重要だと考えます。やはり気持ちからくるものって、あるのではないでしょうか。検査で何事もなければ安心ですし、早期発見できる安心もあります。そういう安心を与えてくれる社会が検査を担う企業のおかげで成り立っていることを、普段からもっと心に留めておくべきだと思いました。私は今23歳ですが、健康リスクがゼロなわけではありません。検査をしておくのに越したことはないと、最近すごく感じています。

コロナの抗原検査については感謝の一言ではとても言い表せません。仕事に行くとき「ちゃんと〝抗原〟して」とか「陰性が分かったら来て」と言われる現場が本当にたくさんありました。あのとき検査がなかったら仕事にならなかったな、という実感があります。

多様な人材集まる新拠点、働きやすく知識生かして急性白血病の細胞を特定

山根　コロナ検査関連業務や新たな検査を開始するためのデータの取得、試薬が本当に使えるかどうかを評価しています。また、検査ラボで生じたトラブルの原因を精査して報告することも行っています。現在は、細胞外に放出される「細胞外小胞」について、中央研究所と検討を行っています。「細胞外小胞」は診断や治療、ヘルスケアへの応用が期待されて

「細胞外小胞についての検討にとてもやりがいを感じている」（山根さん）

おり、とてもやりがいを感じています。

研究棟では大きな1つの居室に様々な専門性を有した人が集まって仕事をしています。立ち話からアイデアが出てきたり、トラブルの解決法が見つかったりするなど、すごくオープンで働きやすい環境になっていると感じます。

小林　横浜の総合病院内にある検査室に勤務しています。採取された血液などを預かって検査し、データを医師のもとへ30分以内に返します。異常なデータが出ると、患者さんについての情報やカルテの記載、過去の病歴も確認しながらデータが正しいか精査します。

以前、ある患者さんの検体を顕微鏡で見たとき「あっ」と思いました。白血病細胞があって急性白血病が疑われました。国家試験にもよく出題される種類の細胞で、白血病の中でも緊急度が高く、治療しなければ1週間以内に亡くなる可能性があります。すぐに先生に連絡を入れると、大学病院での精査に回してもらえました。学生のころから学んできたこと、入社して得た知識を生かすことができたと思える瞬間でした。

トラウデン　まさに医療現場と直結で人の命を守るということですね。

竹内　社名変更に伴い、「ヘルスケアにおける新しい価値の創造を通じて、人々の健康と医療の未来に貢献する」との新たなミッションを掲げました。そして「人々の健康に寄り添い、信頼とイノベーションを通じて、ヘルスケアの発展に貢献する」というビジョンをうたっています。医療の世界は日々、変化・進歩しています。そうした中、我々が常に一歩先を行き、日本の医療、検査、ヘルスケア業界において新しい風を起こし続ける存在でありたいと考えます。

トラウデン　社長がおっしゃった「一歩先」が重要なキーワードだと思います。変化が大きすぎると疑心暗鬼になって、誰もついていけないこともあるでしょう。コロナ禍でも急に出てきたワクチンに対し、「ちょっと

「健康のために一歩ずつ進み、
安心できる社会であってほしい」
（トラウデンさん）

新しすぎないか」というような抵抗感が一部で見られました。私たちの健康のために一歩ずつ着実に進んでいってもらえればありがたいです。

10年後、私もきっと子供を産んでいることでしょう。自分の子供が年をとるまで、さらにその先まで安心できる社会であってほしいと願っています。そのためには私も自らいろいろなことを知ろうと努力することが大切になってきます。どんな社会になってほしいかと考え、そんな社会になるよう声に出して言い続けなければいけないと強く思います。

社内カレッジや勉強会で多くを学ぶ
仕事で大切な「自立・自走・自責」

山根　専門知識が足りていないと思うことが多々あるので、専門的な資格の取得を目指しています。また、開発した検査を導入する過程で企業法務や財務の知識が必要になってきます。視座を高くして多角的に業務をしようとすると、そうした知識も欠かせません。グループでは法務や財務などを幅広く勉強できる「H．U．ビジネスカレッジ」をやっていて、それに参加しています。カレッジには普段関わる機会のないグループ各社から参加者がいて、いい刺激になっています。

竹内　カレッジは法務やマーケティング、経理財務などビジネススキルの基礎知識を幅広くつけてもらいたいと考えて始めました。「40～50人くるかな」と話していたら、140人も手を挙げてくれました。その中でまず第1期生として45人がたいへん熱心に学んでくれました。

小林　臨床検査技師とは別に学会の認定血液検査技師というものがあり、その取得に向けて2カ月に1回開かれる社内の勉強会に参加しています。取得できたら、今後会社に入ってくる後輩たちに自分が学んだことをどんどん教え、グループの臨床検査のレベルが上がっていくよう努めたいです。また、病院内検査室の受託責任者を10年後ぐらいにはやれるようになっていたいです。この役職になると施設の運営を任され、さらに課

「グループの臨床検査のレベルが上がっていくよう努めたい」（小林さん）

長になるといくつもの施設の運営を見ることになるので、そういったところにもチャレンジしていきたいと考えています。

竹内　キャリア形成において、「自立・自走・自責」という3つのワードを今、よく使わせてもらっています。与えられた仕事を生かすも殺すも本人次第です。一番大切なのは自分の価値をどれだけ高められるかだと思います。「これをやりたい、あれをやりたい」と言って会社に入ってきますが、なかには自分が望まない仕事を割り当てられることもあるはずです。それでも目の前の仕事にとにかく一生懸命になってほしい。得るものは必ずあり、それが経験として蓄積され、将来きっと役に立つときがきます。「なんで自分がこれを……」という仕事も楽しんだ方がいい。そういう心の余裕を持つと、伸びしろがもっと大きくなるような気がしています。

（2023年1月17日付　日本経済新聞朝刊の掲載原稿を加筆・修正して掲載）

広大な敷地の中核施設
世界最大級の自動化ラインも

東京都あきる野市にある「H.U. Bioness Complex」はヘルスケア事業を展開するH.U. グループの中核施設。約 12 万平方メートルの敷地に検査ラボ棟、R＆D棟、管理棟、厚生棟がゆったりと立ち並ぶ。検査ラボには世界最大規模の全自動化ラインが備わり、一般的な検査のほか病理、細菌、遺伝子などの検査も行っている。

「検査を止めない」ために検査ラボ棟とR＆D棟は免震構造、発電設備等も備え、災害時でも 3 日間の検査継続が可能。この施設で勤務する山根さんは「オープンな環境で多くの人と一緒に業務ができ、研究開発をするうえで求められるスピード感にも対応できる」と働きやすさを実感している。

小川 真央 さん

おがわ・まお／エナジードメイン エナジートランジション＆パワー事業本部 海外営業戦略室 営業第一グループ・入社７年目。海外留学の経験を生かし、入社後は長崎造船所で発電用設備のアフターサービスの海外営業に従事。現在は横浜で水素利用を含めたガスタービン発電用設備を新設する部門の海外営業を担当。新設案件の営業からアフターサービス営業まで幅広く経験。

DIALOGUE

「志のバトン」受け継ぎチャレンジ

三菱重工業・泉澤清次社長

大谷 彬人さん

おおたに・あきひと／三菱重工エンジニアリング 脱炭素事業推進室・入社7年目。学生時代から環境問題に取り組み、大学では化学工学を専攻し、CO_2回収について研究。入社後は、横浜にある三菱重工エンジニアリング（※）脱炭素事業推進室に配属され、CO_2回収プラントの設計に従事。3月から欧州のグループ会社へ出向中。

※2023年4月から三菱重工業に統合予定。カーボンニュートラル社会実現に向け体制を強化

発電、産業機械、航空宇宙など幅広い分野の製品を手掛ける三菱重工業。歴史を変える、これまでにないものを数多くつくり、グローバルな社会課題の解決に貢献してきました。脱炭素など気候変動対策が喫緊の課題とされる現代、長年培ってきた技術とものづくりへの情熱でそれをいかに解決すべきか。

泉澤清次社長を囲んだ鼎談《ていだん》では、これまでの長い歴史を育んできた伝統の社風から、新たな時代を切り開くためのチャレンジの必要性まで、仕事に取り組む姿勢も含めて熱く語り合いました。

社内外の人や製品をつなげ課題を解決

泉澤　エネルギーは必要不可欠。安定して、かつ適正価格で、蛇口をひねると水が出るように使いやすく、必要なときに必要なだけ使えることが求められます。例えば、電力については、石炭火力発電で排出される二酸化炭素（CO_2）をいかに削減するか。液化天然ガス（LNG）を使えば、石炭に比べCO_2排出量を65％削減（亜臨界圧石炭焚きボイラーのCO_2排出量を基準として、当社の最新鋭JAC形ガスタービンを適用した場合の削減量）できます。さらに、水素と併用する、置き換える、さらには排出したCO_2を回収するなど、削減にはさまざまなバリエーションがあります。

脱炭素は地域による違いもあります。これからエネルギーをどんどん使おうとする地域と成熟した地域では、違ってきて当然です。それをお客様と相談しながら、地域に応じた技術でソリューションを提供する必要があるのです。

さらには、それをバリューチェーンでつなげます。発電設備・機器だけ、あるいはCO_2回収装置だけではだめで、燃料をつくるところから実際につくったエネルギーを使う、回収する、再利用するところまで全体でCO_2を減らす。そうしないと全体が下がりません。三菱重工は単に製品をつくってお客様に納めるだけでなく、社内の他の製品や社外の人たちともつなげることで、課題を解決していきたいと考えています。

エネルギーと環境は、これまでずっと社会の重要な要素であり続けてきました。オイルショックだったり、脱炭素だったり、時代によってその課題は違ってはいるものの、いかに持続可能で使えるようにするかがその底流にあります。排出物をどう無害化するか、環境にどう影響を与えないようにするか……これは当社の通底する使命であり、そういった方針は時代を超えても変わっていません。

我々は、歴史的に先々の世の中を見据えた技術開発を行い、また、その時々に直面した様々な課題に対して一生懸命にその解決策を考えてきました。例えば、当社では今のように気候変動対策が注目されるずっと前の1990年には、水素やCO_2回収技術の研究を進めていました。それらの一つひとつの取り組みがつながって大きなソリューションになったと言えるでしょう。船や宇宙など輸送も含めて、世の中のインフラを支える。お客様のニーズに製品で応えることを繰り返すうちに、できることが広がっていったというイメージです。このように、お客様に寄り添いながら、様々な問題を解決するという「志のバトン」を受け継いできました。

小川　私個人としても、営業としてお客様の課題を一緒に解決できる人材になりたいという目標を持っていますし、お客様と向き合う姿勢は受け継がれ、社内にとても浸透していると思います。

大谷　受け継いで、つないでいきたい。それは日本だけでなく、グローバルにつなげていきたいと思っています。我々が解決しようとしている

「お客様と向き合う姿勢は受け継がれ、社内に浸透していると思います」（小川さん）

のは、世界中の問題で、日本だけでなく世界の総力を集めて取り組む必要があります。そのスピリットを社内だけでなく、グループ全体で、さらには他の国にまで広げて、パートナーと一緒になって問題解決に当たっていきたいと考えています。

ネットワークを築き
楽しく、やりがいのある仕事を

小川　入社前は、かっちりしたイメージを持っていました。確かにそれはイメージ通りなのですが、少しずつ変わってきていると感じています。もちろん、ビジネスの性質上、色々とルールや手続きが必要で、いわゆる「重厚長大」な部分はありますが、会社が置かれている環境や社会課題が変化する中、多くの新たなことにチャレンジする雰囲気が醸成されていると感じますね。

大谷　入社していい意味でのギャップを感じたのは、若いうちから大きな仕事を任せてもらえることです。ベテランの社員が多いので、自分が活躍できるのは数年、十数年先かと思っていましたが、入社3～4年目には「やってみないか」と世界最大級のCO_2回収プラント設計の主担当を任せてもらえたのです。

泉澤　若手のうちから任せてもらえるのは、私が若手だった時代から変わらない社風だと思いますね。「そんなところまで任せちゃいます?」というところまで任せたり、「失敗したか、これで少しは仕事を覚えたか」という、今の人材育成の仕方からするとどうかと感じたりすることもありますが、今振り返ると、大きな枠組みの中、ある程度の範囲内で、若手がのびのびと安心感を持って仕事ができていたと思います。これができているのは、皆で目標を共有して業務を進めているからでしょう。

大谷　三菱重工の人間関係は思っていたよりフランクで距離が近い。上司や先輩に相談があればすぐに聞きに行けるなど、気兼ねなく仕事ができています。オフでは、米国留学で覚えたホームパーティーをよく催します。

小川　メリハリのある職場です。明るく和やかである半面、真面目なときはものすごく真面目ですね。相談事も非常にしやすい雰囲気で、上司や周りの同僚に恵まれています。

泉澤　同期、先輩、後輩と縦、横、時には斜めにネットワークを築いて、もっと楽しい、やりがいのある仕事ができるようになってほしいですね。

小川　入社当時は発電用設備のアフターサービスがメインで、今は新設の営業を担当しています。新設、つまり発電所をつくる仕事は規模も大きく、社内の技術者を含む大勢の関係者とのチームワークが重要で、やりがいがあります。アフターサービスは一つひとつの案件の規模こそ小さいですが、1人に与えられる役割の幅が広く、より主体的にプロジェクト全体を進めることが求められ、醍醐味があります。社会の抱える課題が変化する中で知識やコミュニケーション力、市場ニーズをつかむ力などを身につけ、営業として力を発揮できるようになりたいと思っています。

大谷　三菱重工は、製品の幅が広く、脱炭素という視点に立つと、様々なコラボレーションが可能になります。船上での脱炭素や硫黄を取り除く脱硫など、どんどん幅が広がる。また規模も大きい。地球環境で考えると、CO_2回収は、より多くの量を回収する必要があり、その意味で当社が納める世界最大級の回収能力を持つプラントは強みになります。CO_2排出量の削減とCO_2回収が進めば、回収量が排出量を上回るときがいつか来ます。そうなると、世界のCO_2を減らしていくこともできます。自分はエンジニア。エンジニアとして成長するとともに、グローバルな視点を持ったビジネスパーソンに成長したいと思います。

「社内の人間関係は思っていたより
フランクで、距離が近いです」
（大谷さん）

分断・多様化の時代だからこそつながりを「共生《ともいき》」

小川　今、再生可能エネルギーが注目される一方で、電力の安定供給という面ではガスタービンが大きな役割を担っていて、社会インフラとしても欠かせないものです。また、現在、発電用の水素ガスタービンの開発に取り組んでおり、ゆくゆくは１００％水素、カーボンゼロでガスタービンを回すことを目指しています。未来の脱炭素社会の実現のためには、技術の開発はもちろん、電力の安定提供に不可欠なニーズを今、満たすことが必要です。私は、現在そして未来のお客様ニーズを見据えて未来の社会にバトンを渡せるよう、お客様とともに走れる営業でありたいと思います。

大谷　私が小さい頃によく話題になっていた酸性雨の問題は、いつの間にか聞かなくなりました。これは、誰かが酸性雨の問題に解決の道筋をつけてくれたからです。
過去の先輩方が、その時代のエネルギーと環境の問題を解決してきてくれたように、今課題となっている脱炭素化を「自分が解決する問題」として捉え、自分の世代でカタをつけて、次世代にバトンを渡していきたいです。

泉澤　100年に一度の変革の時代、これまでの価値観が揺らいでいます。そういう中でどうやって生きていくか。必要なのは、一つは横のつながりです。地域や社会、さらには同じ時代を生きている人たちとのつながりです。そしてもう一つは過去と現在、そして未来といった縦のつながりです。この横と縦のつながりを、「共生」と言うそうです。共生と書いて、ともいき。共に生きることがとても大切だと思います。
なぜ分断が起こるのか、それをどう乗り越えたらいいのでしょうか。それには違和感を認め合うことが大事です。白か黒かの二項対立ではなく、両方の違いを楽しむ、違いを受け入れて面白がることで違いが乗り

「変革の時代で生きるには、
共生（ともいき）という
横と縦のつながりが必要です」
（泉澤社長）

越えられるのです。

それは地球環境にも言えることです。再生可能エネルギーもあれば化石燃料もある、原子力だってあります。どれか一つではなく、さまざまな組み合わせの中で取り組んでいきます。

分断して価値観が多様化しているからこそ、横でつながり、縦で受け取り、引き継いでいきます。そのようにして世の中の大きなムーブメントを起こしていくことがとても大切です。そういう意味で、これからの若い人たちに大いに期待しているし、我々も若い人たちにバトンが渡せるよう頑張っていきたいと思います。

（2023年3月3日付 日本経済新聞朝刊の掲載原稿を加筆・修正して掲載）

第1章　若者と共に歩む企業トップ

藤野 純平 さん

ふじの・じゅんぺい／ウェザーニューズの予報センターに所属。観測した気象データを人工知能（AI）・機械学習などをもとにデータ解析することで、気象予測サービスという価値に変える業務を担当。

小島 英明 さん

こじま・ひであき／オムロンのデバイス＆モジュールソリューションズカンパニー事業統括本部 商品開発統括部 モジュール開発部 エレキ開発2グループ。ウェザーニューズとの気象センサー開発のプロジェクトマネージャー。

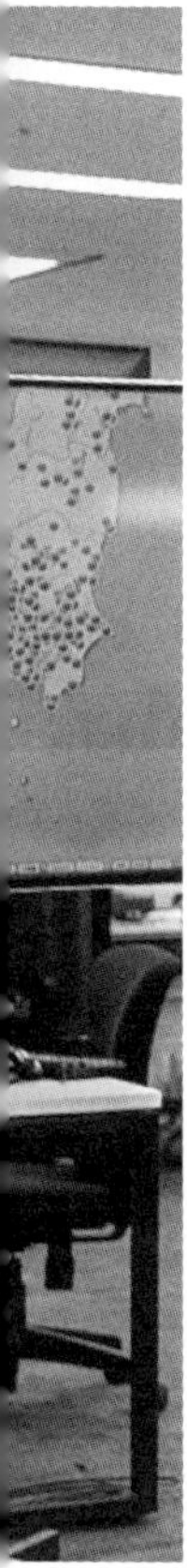

DIALOGUE

「ソリューション」がひらく、電子部品の新時代

オムロン・行本閑人執行役員常務
デバイス&モジュールソリューションズカンパニー社長

石橋 知博 さん

いしばし・ともひろ／ウェザーニューズ取締役専務執行役員。モバイル・インターネット気象事業主責任者、気候テック事業主責任者、経営企画主責任者。

オムロンが、4月にスタートしたグループの新長期ビジョン「SF2030（Shaping the Future 2030）」で掲げる社会実現に向けて、事業を通じた社会的課題の解決に注力しています。同社で実際に日々、事業を担う社員は今、新ビジョンを踏まえ、何を考え、どう取り組もうとしているのか。グループの原点である電子部品事業は、部品・モジュールを軸としたソリューションを通じて課題解決に貢献する力を高めようとしています。

オムロン執行役員常務で同事業社長、行本閑人氏が協業先企業のウェザーニューズの経営幹部や両社の若手社員と、パートナー企業との価値共創の在り方などについて、千葉市にあるウェザーニューズ本社で意見を交わしました。

カーボンニュートラル、デジタル化社会の実現にフォーカス

事業のトランスフォーメーションを推進

行本　オムロンは、今年4月から新長期ビジョン「SF2030（Shaping the Future 2030）人が活きるオートメーションで、ソーシャルニーズを創造し続ける」をスタートさせました。このビジョンでは、「カーボンニュートラルの実現」「デジタル化社会の実現」「健康寿命の延伸」という、3つの社会的課題の解決を目標に掲げています。

電子部品事業は、長期ビジョンの中で掲げた3つの社会的課題の中から、「カーボンニュートラルの実現」「デジタル化社会の実現」にフォーカスし、「新エネルギーと高速通信の普及」に貢献する社会価値の創出に取り組んでいきます。

私どもの電子部品事業は、社会的課題を起点に、我々のコアコンピタンスとなる〝繋ぐ・切る〟技術で、お客様と共に課題解決に必要な機能をデバイス&モジュールを軸としたソリューションを生み出す事業へとトランスフォームしていくという、実現に向けた強い意思を込めて、2022年4月付でカンパニー名称を「エレクトロニック&メカニカルコンポーネンツビジネスカンパニー」から「デバイス&モジュールソリューションズカンパニー（略称：DMS）」に変更しました。

SF2030において、私どもは3つのトランスフォーメーションを実現します。

1つ目は、ソリューション寄りに事業をシフトしていきます。コア技術と多彩な機能の組み合わせで製品の価値を向上させ、お客様が必要な機能をデバイス&モジュールを軸としたソリューションとして提供します。

コアとなる〝繋ぐ・切る〟は、オムロン創業時から続く技術です。電気を繋いだり切ったりするスイッチやリレーにセンサーが加わり、モジュールはそれらの組み合わせになります。ウェザーニューズ様との協業で気象センサーの開発をしている小島は、このモジュールを手掛けています。

小島　オムロンには、様々なセンサーに関する技術があります。例えば、電磁界の技術を使った近接センサー、光の技術を使うフォトマイクロセンサーなどです。こうした個々のコアコンピタンス・技術を組み合わせてモジュール化するのが、私たちの部門です。

これらとアルゴリズムを組み合わせて、人の顔を検出するといった技術も持ち合わせています。

行本　2つ目は、「DCドライブ機器」「DCインフラ機器」「高周波機器」「遠隔／VR機器」の社会的課題解決の領域にフォーカスすることです。3つ目は「グリーン」や「デジタル」「スピード」という、新しい3つの価値の提供です。

我々の“繋ぐ・切る”技術を軸に、顧客と共に社会課題を解決する

デバイス＆モジュールソリューションズカンパニー
注力領域
直流化、電動化推進
半導体が支える社会の実現
DCドライブ機器
DCインフラ機器
高周波機器
遠隔/VR機器
新たな提供価値
地球に優しい脱炭素
商品＆プロセスの提供
お客様が求める高次元の
設計/製造/製品情報の提供
お客様の期待を超えた
スピードでの価値提供
グリーン
デジタル
スピード

行本　カンパニーの新しい名前にも表現しているのですが、お客様企業の課題解決に貢献するデバイス&モジュールを軸としたソリューションを提供する、ソリューション寄りにトランスフォームしていきます。最後の出口、ソリューションの完成形はウェザーニューズ様をはじめとしたお客様企業との共創で生み出していきます。

当社において、ウェザーニューズ様は、ソリューションビジネスという面で、現在最も関わりを深めさせていただいているお客様企業の一つになります。現在は、オムロンのハードウェア技術と、ウェザーニューズ様の気象予測システムや対応策サービスなどソフトウェアの開発・提供ノウハウを組み合わせることで、「カーボンニュートラル実現」に貢献する新しい気象センサーのソリューション（サービス）開発に取り組んでいます。

両社の連携で、より高精度な気象予測でエネルギーの高効率化や、自然災害リスク低減で、地球上の人々の安全と安心な暮らしを守るサービスを生み出しています。

業です。

石橋　海難事故を防ぎ、船乗りの命を救いたい。私どもウェザーニューズも社会的課題の解決を起点とした「使命ドリブン」でスタートした企業です。

「いざというとき人の役に立ちたい」という理念のもと、気象情報を通じて、安全性はもちろんのこと、経済性などにも資するサービスを、今は「海」だけでなく「空」「陸」のお客様に幅広く提供しています。

精度の高い天気予報を提供し続けるには、「いまの空」の情報を多く集める必要があります。そのためには高精度な気象センサーの観測データが重要となります。

観測データというのは、まず日本だと気象庁が運用する「アメダス」があります。日本国内約1、300カ所に観測機が設置され、データを収集しており、これに加えて人工衛星などを使って収集される気象データがありますが、私どもがサービスを展開していく上では、それだけでは十分とはいえません。

ウェザーニューズは独自の観測機（気象センサー）を含め日本全国1

「ウェザーニューズは
『使命ドリブン』で
スタートしました」
（石橋さん）

万3000カ所の観測網を有しています。専任のＩＴ技術者が最先端のテクノロジーを駆使して、観測機から取得した観測データやアプリユーザーからの天気・体感報告を、独自の予測モデルに反映することで、予報精度Ｎｏ・１*を実現しています。この高精度かつ高解像度な予測データがあるからこそ、企業や個人向けに気象リスク回避につながるサービスを提供することができます。

当社では気象センサーを展開していくなかで、２０１７年にオムロン様のセンサー（小型気象センサー：「WxBeacon2（ウェザービーコン２）」を採用させていただきました。気温・湿度・気圧・明るさ・紫外線・騒音という6要素の気象観測データを収集できる手のひらサイズのセンサーです。これを全国のユーザーに配布し、より多くの観測データを予測に反映させることで、さらなる予測精度の向上に取り組んでいます。

このセンサーがユーザーに好評だったことから、センサー開発のプロであるオムロン様と組んだ方が良いと考えました。

当社はオムロン様の高い技術力を信頼しており、企業理念についても

※株式会社東京商工リサーチ調べ（2022年6月時点）

事業を通じて社会的課題に向き合うといった面で両社に通じるものを感じています。また、社会変化や環境変化に対して、アジャイル（素早い）に取り組まれている姿勢や品質向上のためのＰＤＣＡに共感し、こうして継続的に協業させていただいている状況です。

行本　ウェザーニューズ様の気象データ収集をお手伝いさせていただくにあたっての、当社の強みは、「制御」の技術を持っている点です。センサーからのインプット、そしてアウトプットとしてのデータ提供、それからコントロール。取得したデータを制御、処理して出力し、有用に活用できるようにする。データサンプル数を多くするだけではなく、お客様が必要な機能をいかにアプリケーションにフィットさせアウトプットできるか。オムロンはお客様密着型で取り組んでおり、コスト面も含め、こうした機能を部品・モジュールとしてコンパクトにまとめることができます。ウェザーニューズ様の事業は信頼性が高い、リアルタイムのデータをどれだけとれるかというのが決め手になります。

それを私どもは十分ご支援できると思っていますし、ウェザーニューズ様と協業をさせていただく意義は大変大きいと感じています。

社会のために「フラット」「アジャイル」に動く

良質なデータ確保・活用を支援

小島　私は今、開発テーマのプロジェクトリーダーとして、オムロンの開発、営業、生産のフルファンクションを連携させています。そこにウェザーニューズ様と共に一体となったコンカレント（同時並行的）な活動で、商品化スピードを加速し、温度、湿度、気圧などセンシングデバイスと独自のアルゴリズム・通信技術を組み合わせモジュール化した気象センサーを開発しています。

まさにＤＭＳがＳＦ２０３０のビジョンにおいて取り組んでいる、社会・お客様が必要な機能を実現するモジュール創出の一つです。

開発にあたって、根幹にあるのはやはり、デバイス＆モジュールを軸としたソリューションでお客様企業の思いに応えたい、社会の役に立ちたいです。気象センサーの開発を進めることで、より詳細な観測データが収集できるようになり、ウェザーニューズ様が提供する気象予測の精度向上をサポートする。お客様企業と共に気候変動対策という社会的課題の解決に貢献したいという思いがあります。

両社の強みを生かすためにオムロンは、精度が高いデータを収集し、そして収集したデータを制御してクラウドに上げるまでをしっかりとやりきることで、ウェザーニューズ様にはデータをいかに価値・サービスに変えるか、データ活用を考えることに注力いただけるようにしたいと考えています。

藤野　私は今、気象センサーなどのデバイスから取得した気圧・雨量な

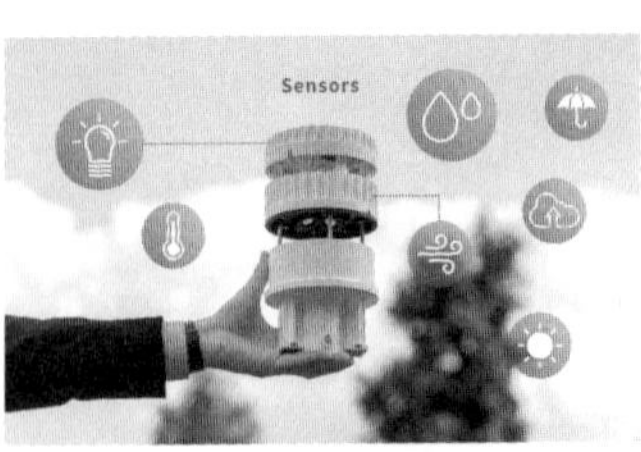

「両社の協業で開発を進める気象センサー」

どの気象データに対して、ＡＩ（人工知能）・機械学習などをもとにデータ解析することで、より精度の高い予測データを生み出す、いわゆるデータを価値に変える業務を担っています。

「データを価値に変える」中ではいかに質の良いデータがつくれるか、持っているかがカギになります。

質の良いデータを作成する中で、日常生活では出てこないような観測値、「ノイズ」と呼ばれる異常値が課題となることが希にあります。例えば、観測史上最大クラスの最大瞬間風速の値が出るとか。普通に考えるとありえない数値なので、本当にその数値は正しいのか、データ解析する立場として、なぜそういった値が出るのかが分からず、デバイス側の問題なのか、どうすれば確かめられるのかと悩むことがあります。

最終的には、我々側でその数値の確からしさを見極めた上で、誤って観測した値なら解析時に予測に反映するデータから取り除くのですが、この作業にはかなり苦労します。

もちろん異常値は完全になくすことはできないと理解しているので、

「当社は天気に関して困っている、悩んでいるお客様の声が日本で一番届く企業です」
（藤野さん）

頻度は少なくても、異常値が出てきたときに、これをどう扱うかをできるだけすみやかに判断する必要があります。そこでオムロン様と日ごろから密な連携をしていれば、欠損がどういったメカニズムで出てきているのか、培われた知見・ハードの知識を補完いただき、適切なサポートをもらえれば大きな力になると思っています。

私たちは天気に関して困っている、悩んでいるお客様の声が日本で一番届く企業だと思っています。ですので、お客様のお困りごとの解決に向けて、オムロン様と密に連携してシステムの完成度を高めることで、より高品質で信頼できる気象センサーやその観測データを活用し社会的課題の解決に貢献するソリューションを提供していきたいです。さらに鉄道、航空、流通、農業などあらゆる市場のニーズに合わせた新たなサービスを創造していきたいですね。

小島　ありがとうございます。そうですよね、「こういうデータが出てきたのでどうしましょう」というのを議論させていただいて一緒につくり

「デバイス＆モジュールを軸としたソリューションでお客様の思いに応えたい」（小島さん）

込むことで、システムとしての完成度を上げていきたいと思っています。異常値などの急な変化に対して、スピード感をもってアジャイルに動いていけるかが、ここを一緒に目指せるかどうかが、結構、ポイントになるというふうに考えています。

行本　そうですね。今のお話にあった異常値に関する対応をアジャイルにできるように努めているのが、小島が所属するモジュール開発部です。

ウェザーニューズ様のようなサービスの最前線にいらっしゃる企業はスピードやイノベーションが勝負でいらっしゃるので、私どももそれに学びながら、アジャイルに対応していかなければならない。そのためには組織がフラットで、マネジメント層と現場の意思疎通が円滑でなければなりません。

そして、なによりも今の若い人たちには、イノベーションのために、何でも自発的にやってほしい。やりたいことはやる。思い切って、面白く。ただし、何をするにしても、「社会の役に立つ」という背骨がしっかり通っていることが大前提です。我々、マネジメント層はそうした場を提供し、事業を通じて社会的課題の解決に取り組むことで事業全体の価値を高めていきます。

石橋　アジャイル・スピード、それは日々移り変わる天気予報を提供する我々にとって重要なポイントとなります。

今、気候変動の影響で、気象予測モデルはさらに絶え間ない変化を余儀なくされています。台風の影響予測も、桜の開花予想も、過去のモデルは機能しません。ルール・モデルを作っても、天気なんてあっという間に変わってしまいますよね。

なので、私たちは常に変化をさせなきゃいけない。

「アジャイル」は社内、そして企業と企業の連携においても大事なことです。気候変動という社会的課題を解決するというお互いが目指すもの、こういうものをつくっていくことについて、きちんとベクトルを合わせ、高い頻度のコミュニケーションを取っていくことで、最適な解に早く到達します。

小島　今、実際、一緒に開発を進めさせていただくなかで、アジャイル・密なコミュニケーションを取りながらいろいろやらせていただいています。プロトタイプ（試作品）をつくって持っていって、ディスカッションを通じてブラッシュアップする。その取り組みで、最も必要なのが、連携力だと私は思っています。新しいこと、新しい分野も取り入れて、新たな取り組みをガンガンやっていく。変化の激しいこの世の中においては、今後、よりそういう要素が重要になってきますし、横のレイヤー・縦のレイヤーがフラットで連携してアジャイルに回していくことで、より良いものをスピーディーに生み出していきたいです。

例えばセンシング機能をさらに向上させれば、雨量だけでなく、雨粒の大きさといった、細かなデータもとることができるようになる。気象センサーにとどまらず、通信・全地球測位システム（GPS）機能を活用して新たなサービスも生み出していけたらよいなと。

藤野　良いですね。私たちの会社も自由度が高くて、どんどんＰｏＣ（概念実証）を進めていこうという感じです。なので、オムロン様とも一緒にどんどん新たなことにチャレンジしていきたいですね。

行本　さきほど、石橋様からお話があった通り、ベクトルを合わせて取り組むことでソリューション創出力を更に高めることが、変化の激しい世の中では非常に重要だと我々も思っています。気候変動という社会的課題を解決する、社会の役に立つ。この思いが根幹にあるから、両社の連携でより高精度な気象データを、より早く提供できます。それによって、台風などによる自然災害リスクを低減することもできますし、地球規模でとらえると、気象データを活用することでエネルギーロスを抑えるためのソリューションを生み出し、ウェザーニューズ様を通じて社会的課題の解決ができます。現在提供しているサービスにとどまらず、新たな価値創造に向けて連携をより強化し、フラット・アジャイルに続けていきたいです。

「『社会の役に立つ』という想いが根幹にある」（行本さん）

そしてそこには、オムロンの電子部品を軸としたソリューションがあることで、搭載製品の機能や、社会への提供価値が高まる。これからも「オムロンインサイド」による付加価値を提供できるよう、努めていきたいと思っています。

未来を起点に、新たな価値を作っていく

予報のあり方も語り合いたい

小島　オムロンの新長期ビジョン「SF2030」で掲げる、〝人が活きるオートメーションで、ソーシャルニーズを創造し続ける〟について、電子部品事業として捉えたときに、センサーなどのデバイスから取得したデータを活用して、お客様とともに新たなサービスを生み出すことで、人の能力をフルに活かせるような未来を作っていきたいと思っています。

今後、ウェザーニューズ様との取り組みにおいても、両社でどういう未来を作っていきたいのか、天気予報のあり方や、あるべき姿みたいなものをもっと一緒にディスカッションしていきたいと思っています。

藤野　そうですね、当社にはユーザーから1日18万件の天気報告が寄せられ、「浸水被害はどうですか？」「膝とか、くるぶしくらいまで浸水しています」のようなコミュニケーションをとることもできます。ユーザーとともに、気象予報データを作っている。このデータ・ネットワークが強みです。

ここにオムロン様のハードを融合させれば、もっと新たなソリューションを生み出せそうです。

小島　我々としては仕様を満たすハードウェアの提供だけではなく、ウェザーニューズ様・その先のユーザーにとって、どういったデータがセンシングできたら、より便利で、価値が上がるのかを起点に、一緒にアイ

「新たなサービスを生み出していきたい」
（藤野さん・小島さん）

ディアを出し合っていきたいですね。そうすれば、生み出せる・解決できることってたくさんあると思っています。

藤野　気象データ以外の分野での新しいサービスの創出に向けてトライ＆エラーをぜひやっていきたいです。

小島　これからも、フラット・アジャイルなコミュニケーションで、社会・お客様の課題解決につながるソリューション（サービス）を一緒に生み出していきましょう！

（２０２２年10月17日付　日本経済新聞朝刊の掲載原稿を加筆・修正して掲載）

吉田 麻美 さん

よしだ・あさみ／エネルギーソリューション事業本部 創発戦略部主査。大学時代から環境問題に関心を持ち続け、エネルギー事業に携わる。太陽光発電設備の基幹部品、パワーコンディショナーの定額貸出サービスなどを開発。多角的な視点で開発に取り組む上で、営業やサービスの関係会社への出向経験が生きていると感じている。

DIALOGUE

ソーシャルグッドあふれる、社会システムをデザインしよう

オムロン ソーシアルソリューションズ
細井俊夫社長

横田 美希さん

よこた・みき／事業開発統轄本部 ソーシャルデザインセンタ 地域創生グループ グループマネージャー。大学時代に東日本大震災の被災地復興支援活動に関わったことから地方の課題解決への貢献を志した。4年前に入社し、京都府舞鶴市との地方都市の課題解決に取り組む包括連携を推進。熊本県の人吉市や宇城市などでも包括連携協定を結び地方創生に取り組んでいる。

オムロンは、「企業は社会の公器」であるという考えに基づいた「企業理念」経営のもと、事業を通じて社会価値を創出し、社会の発展に貢献しながら成長してきました。モータリゼーションの進展で交通死亡事故が絶えない1960年代に、世界で初めて「全自動感応信号機」を開発したのはほんの一例。安心・安全に役立つ取り組みをルーツに持ち、太陽光発電のエネルギーマネジメント、モニタリングシステム、決済ソリューションなど、さまざまなソリューションを有する社会システム事業を推進するのがオムロン ソーシアルソリューションズです。

気候変動や人口減少など私たちを取り巻く環境が変化し先行きが見通しにくい今、お客様企業や地域の皆様と一緒に未来の課題を解決するパートナーとなって、様々なソリューションを提供しています。オムロン ソーシアルソリューションズ社長の細井俊夫氏と同社社員との対談は、笑顔あふれる社会をデザインしようとの強い思いがにじみました。

社会課題に向き合う社の歩み、誇りに

カーボンニュートラル、デジタル社会の実現に挑む

細井　私たちは人々が安心・安全で快適に暮らせる社会をつくることを使命と捉えています。オムロンは1960年代に相次ぎ「世界初」を世に出しました。例えば、64年に京都市内の繁華街に設置された全自動感応信号機。交差点の通過車両数を検出して信号を切り替える画期的な装置です。67年には自動改札機や自動券売機から成る無人駅システムを開発し、通勤・通学の混雑緩和に貢献しました。オムロンブランドが社会にインストールされていることは、社員の誇りでもあります。

オムロンは新長期ビジョン「SF（Shaping the Future）2030」をスタートさせ、「カーボンニュートラルの実現」「デジタル化社会の実現」「健康寿命の延伸」の3つを社会的課題と捉えて、そのうち私たちは

前2者に挑戦しています。

吉田　カーボンニュートラルの実現には、やはり再生可能エネルギーを増やす必要があります。その代表の太陽光発電は、当時発電した電力を固定価格ですべて買い取る制度（固定価格買取制度＝ＦＩＴ）もあり、多くの企業が参入し広がりました。新幹線に乗って地方に行く途中、車窓から太陽光発電設備をたくさん見ますが、中には「これ本当に動いているのかな」と感じさせる設備もあります。実際、いろいろな関係者の方に話を聞くと、太陽光発電設備の維持管理が行き届かなかったり故障で困っていたりしている現実があります。気候変動の影響で災害が増えている今、私たちは本気でカーボンニュートラルに取り組まなければいけない。そこを出発点にして、太陽光発電設備の基幹部品であるパワーコンディショナー定額貸出サービス「POWER CONTINUE（パワーコンティニュー）」を業界で初めて考案し、昨年から発電事業者様への提供を始めました。

横田　私は地方課題の解決に貢献したくて、「ソーシアルソリューション＝社会課題の解決」を掲げる当社に4年前、転職しました。

私の原点は学生時代の経験にあります。東日本大震災で被災した宮城県南三陸町にフィールドワークに行き、住民が思うように移動できない現実をリアルに見てきました。そこで私がまず着目した地方課題が交通問題でした。ちょうど京都府舞鶴市から地域活性化の相談を受けていたこともあって、同市で昨年、住民同士の送迎と地元のバスやタクシーを組み合わせたＭａａＳ（次世代移動サービス）のアプリ「meemo（ミーモ）」を開発、実証実験を経て今年6月から提供を開始しました。

「被災地のフィールドワークが原点です」（横田さん）

課題起点に異業種対話、共感の輪広げる

共創が新たな価値・サービスを生む

細井　ふたりに共通するのは強い「Ｗｉｌｌ（意思）」と熱い情熱でしょうか。どちらのサービスも多くの関係先を巻き込まないと実現できませんでした。立石一真（オムロン創業者）を一言で表現すれば、ベンチャー精神を持った高い志と熱い情熱を持った人です。そして先を見る目。ふたりもまた、そういうタイプですね。

吉田　国土が狭い日本では、太陽光発電設備を設置できる場所が限られています。そのため新しく発電設備を作ることも重要なのですが、それ以上に設置した発電設備が安定的で効率的に稼働しているかが重要だと考えています。エネルギー業界は商流が複雑で機器メーカーの私たちは

「自分の考えを
出して行動すれば状況を
変えられます」
（吉田さん）

発電事業者様と直接お取引することはあまりないのですが、お困りごとは耳に入ってくる。でも発電設備にトラブルを抱えている事業者様から話を聞いても私達では何もできず、悶々《もんもん》とする時期がありました。ＦＩＴの買い取り価格が下がる中で企業の撤退が増え、問題はいよいよ顕在化しています。カーボンニュートラルの実現には設備の安定的で効率的な稼働が不可欠なので、見て見ぬふりはできませんでした。

リース会社や施工会社など複数の事業者様と連携して開発した、発電設備の長期安定稼働をサポートするパワーコンティニューは、営業部門の電話が鳴りやまないほどの反響で、その大きさに驚いています。自分の考えを「表」に出して行動すると、状況を変えることができると実感しました。

横田　私も同感です。ミーモは移動したい住民の居場所や目的地を踏まえてバスやタクシー、隙間時間のある住民ドライバーによる送迎のいずれを利用するのが最適かを提示するアプリです。事業者と住民が連携して地域の移動手段を確保するのが目的ですが、最初、地元の住民や事業者の皆さんは私たちの提案に消極的でした。しかし人口が減る地方が持続するには、自助や公助に加えて住民・企業・自治体が助け合う「共助」の仕組みが欠かせません。現地に何度も足を運んで対話を重ねるうちに、地元の事業者の皆さんはそもそも地域のために仕事をしているので「オムロンは自分たちと同じ方向を向いている」と少しずつ理解してくれるようになりました。お互いの未来課題を起点に取り組んだことで共感を広げ、多くの関係者を巻き込むことができました。

細井　0から1を生み出したり1から100に育て上げたりできる人財はそう多くありません。社会が求める人財でもあると思います。

吉田　私は2年間、関係会社に出向していたのですが、まだ不完全だと思ったアイデアであっても勇気を持ってポンと出せば、仲間が集まりいい具合に仕上げることができる。社会課題を解決したい人たちが集まり共感してくれると、専門性を発揮して支援してくれることを経験しました。

横田　良い意味でいろいろたたいてくれる人が社内外に大勢いる。いろんな意見を加えたり揉んだりするうちに、自分だけでは考えられなかったものに昇華していく。その感覚はやみつきになります。

「ソーシャルグッド」が活動の基軸

社会の共助プラットフォームをつくる

細井　ＳＦ２０３０では「DESIGN Next Social Structure」を私たちのビジョンに据えました。次の社会システムをデザインしていく、その思いを込めています。強調したいのが「デザイン」です。不確実性の世の中になってお客様の現場からも経営層からも「どうしたらいいのか」という声が届く。これまでならお客様が求めるものを提供、進化させていければご満足いただけましたが、この先はどんな画を描くかが問われている。お客様のインサイダーになってお客様に代わって企画し実行し改善する。そういったソリューションのインサイダー化をしっかりやって、社会システムの持続性につなげていきたいと考えています。

必要なのはプロデュース人財です。創造性は無から生まれないので、社員には知識の幅を広げるよう求めています。それには社内外でたくさん「交差点」を作ることが大切だと思います。

そしてデザインを描くにはパートナーが欠かせません。オムロンだけできれいなデザインを描き切れるわけではありません。様々なパートナーと共創し、その成果が次の共創につながる好循環が生まれるといい。「一緒にやりましょう」と声をかけていただければうれしいのです。

横田　ミーモの実証実験が終わった後、舞鶴市内の区長さんが市長にサービスを続けてほしいと嘆願書を提出しました。住民の声、要望が本格実施につながったのです。そのとき、社会に良いインパクトを与える「ソーシャルグッド」が生み出せたのだと初めて実感が持てました。交通を足がかりに共助のプラットフォームを作る、それぞれの地方の住民や事業者がより活き活きできる社会インフラをデジタルで構築することを目指したいと思います。

吉田　エネルギー業界は今とっても盛り上がっていて、いろいろな方々が参入しています。そうするとカーボンニュートラルという社会課題を解決すると言いながら、自分たちの利益を優先してしまう瞬間がありす。共通言語としてソーシャルグッドがあって、そこに立ち返ることが大事だと感じます。

電気というのはこれまで、発電事業者から需要家側に供給されるいわば一方通行のエネルギーでした。それが今は家庭に太陽光発電設備が付き、さらに蓄電池も備わるようになり、需要家からも送り出せるエネルギーになってきました。私たちがお客様としてとらえていた先が協力し合うパートナーに変化しているのです。カーボンニュートラルを実現していくために一緒に何ができるのか。そこを考え取り組みたいと思います。エネルギーの共助関係の仕組みができれば、全員が当事者意識を持ってカーボンニュートラルの実現に向かって進めます。

細井　私たちはSDGs（持続可能な開発目標）の18番目のゴールとして「すべての人々を笑顔に」を設定しています。安心・安全で豊かな社会を作ることとは、わかりやすく表現するなら人々が笑顔になることだと思うからです。

社会に課題は本当に散在していて山積しています。何から実行すべきか断定できるものではありませんが、笑顔になれるなら何でもやりたい。それが私たちの姿勢なのです。

（2022年12月7日付 日本経済新聞朝刊の掲載原稿を加筆・修正して掲載）

「社員には知識の幅を
広げるよう求めています」
（細井さん）

バルビエ・ティボ さん

ばるびえ・てぃぼ／技術・知財本部 ロボティクスR&Dセンタ Voyager Project部 博士（工学）。フランス出身。母国の大学でロボットと人工知能（AI）を研究。卒業後に日本の大学の博士課程に通い、インターン先のオムロンの企業理念に共感して入社。ロボットの柔軟な動きに関するアルゴリズムを調査し、プログラムを実装して最適な動きになるようテストを繰り返す日々。アニメ鑑賞が趣味で、人の傍で活躍するロボットの姿を描いた作品の世界に憧れ、その世界観を実現させようと開発に取り組んでいる。

DIALOGUE

人に寄り添うロボットで人の創造性を引き出す社会をつくろう

オムロン執行役員
諏訪正樹　技術・知財本部長

劉 暁俊さん

りゅう・ぎょうしゅん／技術・知財本部 ロボティクスR&Dセンタ Voyager Project部 博士（工学）。中国・上海出身。入社後、卓球ロボット「フォルフェウス」プロジェクトに4年間携わる。2020年に上海で開かれた「中国国際輸入博覧会」では、人とロボットがダブルスを組み、フォルフェウス相手にラリーを続けるシステムを開発し、オムロンの技術力の高さと人と機械の新たな関係性を発信。現在はアーム型ロボットと移動ロボットを組み合わせたロボットの開発に取り組んでいる。

センシング&コントロール＋Ｔｈｉｎｋ（S&C＋Think）技術を通じてよりよい社会の実現に貢献してきたオムロン。事業を通じた社会的課題の解決を目指して人と機械のあるべき関係について追求を続け、長期ビジョン「ＳＦ（Shaping the Future）２０３０」では「人が活きるオートメーション」の実現を掲げました。機械の役割が、人の代わりに作業をすることから人の創造性や可能性を引き出す〝パートナー〟に進化・拡張すれば、社会の様々な課題の解決につながる活力をもたらすと考えるからです。

オムロン技術・知財本部はそのために必要な革新技術を生み出すＲ＆Ｄ（研究開発）部門です。同社執行役員で組織トップの諏訪正樹氏は近未来からのバックキャスト（逆算）思考で開発テーマを社員と共に生み出し、「人に寄り添うロボット」開発に邁進しています。

近未来からのバックキャストで取り組むテクノロジー

製品開発の歴史 根底に社会的課題解決への意思

諏訪　オムロンは、技術で社会の光景を変えながら成長してきたユニークな企業です。レントゲン写真撮影用のタイマーから始まり、これまでにないスイッチやコネクターの開発・提供によって事業を拡大してきたのですが、１９６０年代半ば以降に自動改札機や車両感応式信号機、現金自動支払機、電子血圧計などを次々と世に送り出しました。それまでの当たり前の光景を変化させたこれらの製品は、一見バラバラに思えるのですが、底流では「ソーシャルニーズの創造」という価値観でつながっています。例えば、駅の人流が急増する高度成長期を迎えて、5年後、10年後にどのような社会的課題が生まれるかを先読みして、それまでにない製品を開発したのです。

オムロンは多様な領域で事業を展開しています。各領域内での製品やサービスを「枝」とすると、今日までその「枝」は大きく広がっています。しかし、社会的課題の解決に向けてセンシング＆コントロール＋Thinkというオムロン独自の技術で「ソーシャルニーズを創造する」という「幹」は、太くしっかりしています。私が率いる技術・知財本部はこの幹の部分を担う、オムロングループ全体のR＆D部門です。社会的課題が解決された近未来を具体的に描き、そこからのバックキャスト思考で事業や必要となるシステムのアーキテクチャーを描き、それを実現するためのテクノロジーを紐解いてつくり上げることが使命です。現在の顧客ニーズや現場の課題を捉えて今ある技術や製品を進化させ、お客様の満足度を高めるフォーキャストの視点はとても大切です。ただし、それだけでは、潜在的なニーズを捉え、ソーシャルニーズを創造し、今の当たり前の光景を変えるような価値を生み出していくことは難しいです。近未来社会からのバックキャストで設定したテクノロジーを実装可能な状態に仕上げて、事業を通じた社会的課題の解決につなげていくのです。

昨年、本格始動した長期ビジョン「SF2030」では、「人が活きるオートメーション」の実現を掲げました。これは創業者・立石一真が唱えた企業哲学の「機械にできることは機械に任せ、人間はより創造的な分野で活動を楽しむべきである」に根ざしており、オムロンが考える「機械の本質」です。機械は人に代わって作業しますが、果たして作業をすべからく置き換えることを目的に誕生したのでしょうか。人がやりがいを感じる作業には踏み込まず、危険や苦痛、苦手な分野から人を解放する。または、人では実現できない高速高精度な作業を行う。その結果、人が創造的な分野に能力や時間を注げたり意欲を高めたりできるようにすることが真の目的だと思うのです。

そうなると機械には単なる「代替」にとどまらず、人と機械が共に働く「協働」や機械が人の創造性や可能性を引き出す「融和」という、もっと大きな役割がみえてきます。オムロンは「機械と人の関係性」に

「『今』に縛られない発想や着眼で技術革新に挑みます」（諏訪さん）

着目して機械によるオートメーションの概念を拡張し、人をフォローしたり寄り添って成長に導いたりするためのテクノロジー開発に挑んでいます。

人と機械の融和を象徴する卓球ロボット

進化を支えるコア技術

劉　オムロンは人と機械の協働や融和を表現するひとつの方法として、2013年から卓球ロボット「フォルフェウス」を開発しています。私は入社直後から4年間ほど開発に携わったのですが、人の実力に合わせて返球し、ラリーを継続するというタスクを「協働」して行うことから出発して、年々進化を遂げています。私が開発に携わった第6世代は人のモチベーションを高めることで成長に導くように返球の場所や速度を選択することが可能になり、最新の第7世代は2人のダブルスプレーヤーを相手にラリーをしながら、2人の表情や心拍数などを読み取って連携度を高め、チームのパフォーマンスを引き出したりするパートナーに近づいています。

フォルフェウスにはオムロンのコア技術「センシング&コントロール+Think」が詰め込まれています。ロボットが様々なセンサーで人が打った球の軌道や速度、人の表情や動きなどのデータを集め（Sensing）、返球を実現するため瞬時にラケットの動きを制御（Control）するだけでなく、人工知能（AI）が人の意欲を高めるように返球計画を考えて（+Think）返球の速度や位置を決定しているのです。

ティボ　ロボットが人と共生するために「+Think」の部分はとても重要で、私は大きく2つの研究課題に取り組んでいます。ひとつはロボットが無駄なく滑らかな動作を行うためのパスプランニング。例えば、机の

「ロボットを単体ではなく、人や環境とセットで捉えています」（劉さん）

上にペンがあって、それを取ってほしいと指示を受けた場合。人にとっては無意識にできる動作でも、ロボットはペンを右からつかむのか左からつかむのか、あるいは上からつかむのかなど様々な動作経路を検討し、その中から経路を決定して動き始めるというように動きが遅くなります。そこで、目的に対してすべての可能性から動作を選択するのではなく、自然な動きを実現させることに取り組んでいます。

もうひとつはロボットによる状況判断です。例えば、ペンは字を書く道具なので、ロボットがそれを理解すればペンの柄ではなくキャップ側をつかんで人に渡せるようになるでしょう。また、人と一緒に作業している場面で人が機械にぶつかりそうになったら、瞬時にとまったり、動く方向をかえたりすることができるようになるでしょう。ロボットが人に寄り添うためには、ロボットが臨機応変に対応することも必要になってきます。

劉　フォルフェウス開発で学んだことは、ロボットを単体ではなく人や環境とセットで捉える視点の大切さです。工場にある多くの産業用ロボットは決められた場所に置かれ、決められた手順に従い決められた通りに動きます。人が操作方法を習得し、ロボットと接触しないように距離を置いて作業するのが主流です。すぐそばの人の安全や作業状況などに配慮するシステムは実はまだ世の中に少なくて、あったとしても判断や動作がゆっくりで効率がよくありません。その意味で、私たちはハードもシステムもゼロから考え直す必要があるとの仮説に立って取り組んでいます。

諏訪　オムロンが描くロボットの世界観は、街や家庭、職場にすっと入ってきて、すぐに動いてくれるというものです。わざわざ新たなインフラに改良したり、仕組みやルールをつくったりしなくても導入できるのが理想です。また、機械には強靱な鉄の塊というイメージがありますが、人とぶつかったら衝撃を吸収してくれるぐらい柔らかいものがあってもいい。それはまさに現在と非連続な光景です。実現するには、今あるロボットのフレームワークの延長だと難しく、大きな挑戦となります。

ティボ　子どもの頃に見たアニメに登場するロボットと人間の友好的な関係がとても印象的で、いまでも記憶に残っています。子どものころには2020年ぐらいにはドラえもんのようなロボットが実現すると思っていました。しかし、今はまだその世界の実現に向けて大きなギャップがあります。ひとつずつ課題をクリアしながら、人のそばにいることが自然なロボットを実現させたいと思いながら仕事をしています。

革新のカギは人財の多様性と「花とミツバチ」

ラボ新設でオープンイノベーションを加速

諏訪　技術・知財本部が取り組む人に寄り添うロボットの開発は、まさに近未来に視点を置いたソーシャルニーズの創造です。社会実装までにはいくつものハードルがあるでしょう。そのため、それを乗り越えるためにエネルギーに満ちた組織づくりが欠かせません。ロボットに対する考え方ひとつとっても、私のような50代と劉さんやティボさんのような世代とでは異なります。意見や知識が交わりながら高みを目指すために、社員の年齢性別や国籍を含めた人財の多様性、オープンな組織、個々人がスキルアップできる環境整備を大切にしています。

このほど始めたのは、それぞれの社員の取り組み課題の可視化です。

機密性とのバランスを取りながら、開発の着手や終了といった意思決定に関連する会議は、テーマメンバーや関係者だけに閉じることなく基本的にオープンに開催し、ほかの社員の気づきや着想につなげたり、奮起を促したりすることを狙っています。また、社員が興味関心を深掘りするための技術トライアルという制度もあります。希望者は誰でも手を上げることができる、意思のある人を応援する制度です。エントリーするテーマは、各自の業務と無関係で構いません。一定額の資金を支援し、試してみることで一定の成果として実りそうであれば、本格的に予算をつけてテーマ化する道が開けます。

ティボ　私は技術トライアル制度にこれまで2度応募しました。最初はひとりで手を上げましたが、2度目は、技術に共感したメンバーが増えて3人でチームを組んで応募し、次の開発のネタになるような先進的な研究の検証をしています。

ほかにも、社員が互いの専門性や知識を生かして学び合う仕組みもあ

「人と共生するため、
ロボットの頭脳と動きを
柔らかくします」
（ティボさん）

ります。私は有志を集めて、プログラム言語の勉強会を開いています。

劉　私は入社後に大学院で博士号を取得しました。その際、上司や同僚が応援を惜しまず、業務と学業の両立についても配慮してくれました。より優れた技術者となるために成長できる職場環境に感謝しています。

諏訪　社会的課題に一緒に立ち向かうためには、共創するメンバーをつくることも大切です。夢や魅力のあるチャレンジを発信し、あたかも花にミツバチが集まるように仲間を増やしたいと考えます。卓球ロボットはその一例で、ロボット開発に対するオムロンの本気度の証しです。京阪奈イノベーションセンター内に昨年開設した「ＲＯＢＯＢＡＳＥ」はオープンイノベーションを促進するための開発スペースです。

２０１８年には、グローバルでオープンイノベーションを加速する研究開発体制をつくりあげるため、近未来デザインから革新技術を生み出す研究開発子会社としてオムロン サイニックエックス（ＯＳＸ）を設立しました。メンバーはオムロン内での異動ではなく、大学や企業の若手研究者を採用するなど、多様性の実現と社会に対してオープンな組織とすることにこだわりました。ＯＳＸでは、技術・知財本部よりもさらに遠い未来を見ながら非連続な技術進化について研究しています。政府のムーンショット型研究開発制度に採択されたプログラム「人と融和して知の創造・越境をするＡＩロボット」はその代表例で、２０５０年に人がＡＩのパートナーロボットと協働してノーベル賞級の研究成果を生み出すというビジョンのもとで研究開発を行っています。このロボットは、研究者が立てた実験計画に従い、人の代わりに24時間無休で実験し、世界中の文献データを探索・解析して研究者と対話して新たな知見や示唆をくれるのです。

このように、技術・知財本部だけではなくＯＳＸでもこれまでにない、新たなロボットの研究開発が進んでいます。両組織間の共創も進んでおり、私自身も今後の新たな価値の誕生を楽しみにしています。

テクノロジーが進化すると、人は弱体化する面があります。スマートフォンを持ったことで手軽に検索して知識を増やせる半面、友人の電話番号が覚えにくくなったと感じる人は多いはずです。そのことの良し悪しも含めて、何を機械に任せ、人は何をしていくべきなのかを改めて考える必要があるのです。だからこそSF2030では「人が活きるオートメーション」を掲げました。人が主役であり、より創造的であるためにも積極的に機械の役割と価値を進化・拡張させていきたいというメッセージが「人が活きる」に込められています。技術・知財本部は人に寄り添い、創造性や能力を引き出すロボットというソーシャルニーズの創造へ挑み続けます。この取り組みへの共感・共鳴の輪を社内外に広げ、若い世代にもつないでいきたいと願っています。

（2023年2月17日付　日本経済新聞朝刊の掲載原稿を加筆・修正して掲載）

竹中 孝行 さん

たけなか・たかゆき／薬剤師。スマートヘルスケア協会理事。バンブー代表取締役。薬学部卒業後、製薬会社MR、薬局薬剤師勤務を経て、バンブーを創業し、薬局、介護、美容事業を運営。薬局が地域の健康情報の拠点になれるように活動。

倉橋 奈央 さん

くらはし・なお／オムロン ヘルスケア（株）国内事業統轄本部 国内営業本部 健康機器営業部 東部営業課所属。ドラッグストア営業を担当。顧客の課題解決のためのソリューション提案や商品価値の認知向上に努める。家庭での心電図記録の文化醸成に向け、心電計付き血圧計を使用した「受診勧奨モデル」の普及に取り組んでいる。

DIALOGUE

家庭での心電図記録を新しい文化に予防医療で健康寿命を延ばそう

オムロン執行役員常務
オムロン ヘルスケア社長　荻野勲氏

堀澤 茉悠子 さん

ほりさわ・まゆこ／薬剤師。スマートヘルスケア協会シニアアドバイザー。薬学部卒業後、薬局薬剤師を経て、現在は薬局・ドラッグストアを起点とした健康支援サービスの開発や研修を担当。

家庭での血圧測定を半世紀にわたって世界各国に広めてきたオムロン ヘルスケアが、家庭で心電図を記録するという新たな「文化」創造に取り組んでいる。オムロンは長期ビジョン「SF2030」で健康寿命の延伸を解決すべき社会的課題の一つと捉え、オムロン ヘルスケアはそれを実現するための事業ビジョン「Going for ZERO ～予防医療で世界を健康に～」を掲げて「脳・心血管疾患の発症ゼロ」を目指す。脳梗塞の一つの原因となるのが「心房細動」だ。心房細動の早期治療により脳梗塞の発症リスクを低減できるため、早期発見が重要となる。この早期発見に役立つのが心電図の記録だ。心電図の記録機会を増やし、健康診断では捉えづらい心房細動のリスクを見つけ出す。

同社の荻野勲社長は目標にまい進する若手社員やパートナーのスマートヘルスケア協会（SHCA）理事らと、予防医療で人々の健康を支える使命感や文化創造の決意を語り合った。

QOLを下げる脳・心血管疾患

「脳・心血管疾患の発症ゼロに貢献」は企業の使命

荻野　日本のみならずグローバルに高齢化が進み、健康寿命の延伸が大きな課題になっています。疾患などによって自立した日常生活を送れず、寝たきりで暮らすのはとても辛いことです。生活の質（ＱＯＬ）を大きく下げる一つの要因として脳卒中や心不全といった脳・心血管疾患が挙げられます。

脳・心血管疾患は予防によって発症リスクを減らすことができる病気です。私たちが循環器事業のビジョン「脳・心血管疾患の発症ゼロ」に挑戦する理由もそこにあります。この目標を達成することで、オムロンの長期ビジョンＳＦ２０３０で掲げた社会的課題の一つの「健康寿命の延伸」を実現したいと考えています。

「脳・心血管疾患で苦しむ人を一人でも減らすことが、当社の使命です」（荻野さん）

創業者・立石一真は企業経営者であると同時に医学博士でもあり、生体センシングを研究していました。人体には病気になると治そうという変化を自ら起こす高度なフィードバックシステムが備わっています。これはオムロンのオートメーション事業に通じる考え方でもあります。オムロンの前身の立石電機は工場オートメーションに取り組みながら、生体センシングの研究部隊も持っていました。その意味で、オートメーションという考えのもとで人の健康と向き合い続けてきた企業でもあるのです。

健康寿命延伸のアプローチとして、オムロン ヘルスケアは予防医療を掲げています。リスク管理と早期発見によって疾患の発症を未然に防ぐことはとても大切です。主力の血圧計についても、単に製品を売るのではなく、高血圧由来の脳・心血管疾患の発症ゼロに貢献できると信じて、家庭血圧の浸透に取り組んできました。

初めて脳・心血管疾患発症ゼロを目指すと医療関係者に話した時は、「何を言ってるんだ」と聞いてもらえませんでしたが、今ではゼロを目指す姿勢は医療関係の方々にも、共感いただけるようになってきました。

健診では見つからない「心房細動」を、家庭で見つける

薬局でリスクチェック、受診勧奨も

倉橋　脳・心血管疾患による死亡者はがんより多く、世界的にみても死因のトップです。そこで私たちは、脳梗塞のリスクを5倍高めるといわれる心房細動に着目しました。心房細動とは、心房という心臓の一部がけいれんして血液をうまく送り出せず、血栓が出来やすくなる症状です。高血圧患者の50％～60％に心房細動が併存しているというデータもあります。血圧計を主力製品とする当社は、家庭で血圧を測るときに心電図を同時にチェックできる心電計付き上腕式血圧計を開発しました。

「心電計付き上腕式血圧計を使えば健診で見つかりにくい心房細動のリスクを手軽に把握できます」（倉橋さん）

心房細動は自覚症状がないことも多い。しかも突発的に起こり症状が持続しないケースもあります。年一回程度の健康診断の心電図記録ではなかなか発見しづらいので、日常的にチェックすることが大事になります。しかし、心房細動が脳梗塞のリスク危険因子であること、家庭で手軽に心電図を記録できることは、あまり知られていません。そこで、昨年から薬局やドラッグストアで来店者に製品を使ってもらい、異常や自覚症状があれば薬剤師が医療機関の受診を勧める「受診勧奨モデル」の構築に取り組んでいます。

竹中　スマートヘルスケア協会（ＳＨＣＡ）は予防医療の観点から、薬局やドラッグストアを通じた地域住民の健康支援サービスを広げるために活動しています。オムロン ヘルスケアの取り組みに賛同して、企業や薬剤師会を通じて受診勧奨モデルに取り組む薬局を増やし、正しく製品を使うための研修をしています。

薬局やドラッグストアは地域住民の生活動線上にあります。おじいちゃん、おばあちゃんが気軽に立ち寄って体調について話したり血圧手帳を見せてくれたりするので、健康について助言しやすい立場にあります。オムロンの心電計付き上腕式血圧計を設置することでそのチャンスが広がります。

「健康サポート薬局」制度のように、国や自治体も住民の健康のために地域の薬局やドラッグストアを活用する姿勢を打ち出しており、受診勧奨モデルの構築はその方向性と合致しています。

堀澤　薬剤師としての実感をいえば、利用者や医師の反応がとてもいいのです。薬剤師はいろいろな医学的知識や情報を持ち合わせながら、来店者への助言や医療連携につなげることが難しいケースも多くあります。全国約6万店舗の薬局のうち、チェーン薬局が約2万店舗。その他はほとんどが中小や個人の薬局で、健康支援サービスの運用手順を作れず、マンパワーが不足しがちだからです。その点、心電計付き上腕式血圧計は医療機器メーカーが開発した信頼できる機器なので、これをベースに

「受診勧奨モデルは
利用者の反応がとても良いので、
ぜひ全国に広げたいです」
（堀澤さん）

自信を持って助言できるのです。利用者に喜ばれると次はもっと親身になろうと積極的になります。助言がきっかけで地域住民が自分の健康を自分で管理するセルフメディケーションが広がれば、地域の元気にもつながると思うのです。

荻野　薬局やドラッグストアはその地域の人々の健康状態が俯瞰できる立場だと思います。病院を受診していないけれど風邪薬や湿布薬を買う人は多い。地域の専門医よりむしろ、その街全体のリアルな健康状態をつかんでいる。私は予防医療で連携することで多くの可能性が生まれると考えています。

エコシステム構築が定着のカギ

エビデンス重ね共感を広げる

荻野　オムロン ヘルスケアの事業は、使いやすくて革新的な製品を作って販売することがゴールではありません。疾患の重症化を防ぐためのエコシステム（仕組み）を構築し、稼働させていくことが必要だと考えています。血圧を家庭で測ることは今では習慣化され文化となり、高血圧の治療ガイドラインでも家庭での血圧を優先的に活用して治療することになっています。しかし、ここまで来るのには多くの医療関係者の人々の賛同や協力が不可欠でした。「家でリラックスした状態での血圧データで患者さんの普段の状態を把握できる」ことに注目したドクターが研究を始め、それによって特に朝の血圧が高くなる症状が見つかるなど、家庭でしかわからない血圧の傾向があることがわかりました。この研究がもととなり、医師が患者さんに家庭血圧の測定を促す環境が生まれました。医療の分野ではメーカーが「家庭で測ってください」と言うだけでは社会に定着しません。

倉橋　受診勧奨モデルは段階的に拡大を目指します。22年度は400店舗に導入し、来年度以降は段階的に拡大を進めていきます。営業担当者もチェーン薬局の本部などに製品の特徴や受診勧奨モデルの意義などを説明し、学会や専門家への働きかけも並行して行っていきます。

堀澤　SHCAは地域の薬剤師や医師とつながりがあるので、彼らの理解と協力を得ながら地域単位で受診勧奨モデルをつくり上げ、それを横展開して広めていきます。オムロン ヘルスケアと役割を分担し、様々な立場のパートナーに意義を伝えられるとよいです。

荻野　いくら優れた製品であっても、お客様の期待に沿えなければ製品を受け入れてもらえません。これを私たちは「顧客期待品質」と言っています。例えば、お客様が自分で心電図を記録しても、データを見せられた医師が「これは何ですか？」とけげんな顔をしたら、2度と記録したくないでしょう。病院など様々な関係者の理解と協力を得ながらまずは賛同者をつくりその輪を大きく広げていきます。

竹中　医療業界はエビデンスを重視するので、データと結果を示すことが大切です。エビデンスの数や規模が大きくなるほど、みんなで取り組む機運が盛り上がります。

堀澤　昨年6月に秋田県薬剤師会が、10カ所の薬局で地域住人238名を対象に調査研究したところ、全体の2・1％にあたる5人に心房細動が見つかり受診勧奨しました。一般的には60歳以降の方に増えるのですが、そのうち2人は30代でした。自覚症状はあっても未受診の状態で、たまたま参加した住人から2・1％の確率で見つかったことは正直驚き

「予防医療で患者を減らすことは、
介護や地域の負担軽減にも
つながります」
（竹中さん）

で、協力していただいた医師からも「まさか心房細動が見つかるとは思わなかった」との感想が聞かれました。

今年は大分県の佐伯市薬剤師会が、健康フェアなどで健康診断未受診者を薬局がフォローする取り組みを実施します。自治体の方からは、医療費削減や重症化予防の観点でも期待されています。

脳・心血管疾患の発症ゼロを理想に終わらせない

「将来、誇れる仕事」に士気高く

荻野　1973年に家庭用血圧計を発売してから高血圧の治療ガイドラインで家庭血圧測定の有用性が認められるまでに約40年かかりました。心房細動が脳・心血管疾患と高血圧に相関があることなどを踏まえれば、家庭での心電図記録はそれよりも早く文化として定着させたいと考えています。

倉橋　私たち営業担当者の間で文化創造はキーワードになっています。商談先にも「家庭血圧の測定に続き、家庭での心電図記録の文化をつくりたい」と熱意をお伝えすることが増えました。家庭血圧で先輩社員が努力したように、私たちがここで頑張ることがこの先実を結ぶと考えると、ぜひやりきりたいと思います。

竹中　家庭での心電図記録は脳・心血管疾患で苦しむ人だけでなく、家族の介護負担も減らせると思います。ひいては地域や社会の負担も減らし、そこに費やされる費用や時間をあるべき方向に注ぐことができたらよりよい社会になるのではないでしょうか。

荻野　我々はデバイスやプロトコルの開発はできますが、それを社会実装し人々の健康に役立てるには、多くのパートナーの共感が必要です。共感が広がらなければデータやエビデンスも集まらず、新たな治療法や薬、医療システムといった価値を生むことにもつながりません。

ですから、これからも我々は幅広くパートナーと連携し、一緒になって発症ゼロの実現に向かって進みたいと思います。そして誰一人として疾患で苦しむことがないように自分の健康は自分で管理し、予防医療で健康寿命の長い社会をつくっていきたいと思います。

（2023年3月7日付　日本経済新聞朝刊の掲載原稿を加筆・修正して掲載）

奥山 昭太 さん

おくやま・しょうた／営業本部 第２営業統括部 中四国営業課。社会のために働ける企業への就職を希望し、2020年にオムロン入社。初任地の名古屋営業所では自動車業界を担当し、２年目は大阪営業所で２次電池関連企業を担当。23年４月から岡山営業所で岡山村田製作所のエネルギー生産性向上に取り組む。

DIALOGUE

豊かな未来のために、エネルギー生産性を高めよう

オムロン　執行役員常務
インダストリアルオートメーションビジネスカンパニー社長
辻永順太氏

田中 彩 さん

たなか・あや／生産SCM本部 綾部工場 第1製造部 汎用センサ課。2018年入社。大学で学んだ情報工学の知識を生かし、多品種少量生産を手掛ける綾部工場で生産設備の自動化などを担当。23年から汎用センサ課に所属し、光を利用して物体の位置などを検出するフォトマイクロセンサーの生産工程や品質管理を担っている。

　※2023年4月1日 オムロン 社長 CEO就任予定

オートメーション技術で製造業の進化を支えてきたオムロンが、「エネルギー生産性」の向上を実現するソリューションを提供している。データ活用と長年蓄積した制御技術の融合で、エネルギー消費量の削減と生産性向上を高次元で両立させ、働き手の幸福にもつなげる取り組みだ。製造業が熟練技術者の不足や働き方改革といった社会的課題を乗り越えながら脱炭素社会実現に貢献することは、優れた製品を生産し続ける上で欠かせない道程。

オムロン執行役員常務でインダストリアルオートメーションビジネスカンパニー（IAB）社長の辻永順太氏は、同社の若手社員との対談で、豊かな未来のためにモノづくりの持続性を高めようと語り合った。

脱炭素や人件費高　生産現場の課題多く

3つの「i」で現場の高度化を目指す

辻永　消費者や社会からのニーズが多様化するにつれ、製造業はどんどん高度化しています。高い性能やデザインを持った製品は、設備だけでなく優れた働き手がいなければ生まれません。しかし人をめぐる状況は厳しさを増すばかり。労働人口が減り技術者が不足しています。働き方改革や労働観の多様化も進んでいます。国際関係の複雑化や地政学上のリスクを背景に消費地近くに生産拠点を再構築する「地産地消」の動きが生まれており、人件費の増加要因となっています。人の問題だけでも製造業は多くの課題に直面しています。そこで生産の効率化や合理化のみならず、働きがいを喚起するオートメーションが求められるのです。

こうした課題に対して、我々は2016年からモノづくりを進化させるための独自コンセプト「i-Automation!」によるソリューションを提案しています。「integrated（制御進化）」「intelligent（知能化）」「interactive（人と機械の新しい協調）」の3つの「i」でモノづくりの高度化を実現する取り組みです。現在は「i-Automation!」をさらに進化させ、「人を超える自働化」「人と機械の高度協調」「デジタルエンジニアリング革新」の3方向から、お客様の実情に合わせて制御機器とソフトウェア、サービスを組み合わせ個々の現場に最適化することでモノづくり現場を革新しています。導入いただいたお客様は国内外3500社以上となり、提供したソリューション数は250を超えました。IABの売り上げの35％を占めるビジネスに成長し、お客様のお役に立てていると実感しています。

そして脱炭素社会への貢献など環境対応が企業の喫緊かつ重大な課題になる中、我々は生産高度化と環境対応を高次元で両立させる「エネルギー生産性」を向上させるソリューションを展開しています。エネルギー生産性とは、分母にエネルギー消費量、分子に生産性や品質など付加価値額を置いた指標で、分母を減らして分子を増やす生産体制の構築を目指します。

もちろん、どの製造業もエネルギーに対する問題意識は持っています。例えば、使っていない部屋の照明を消し空調を調整する。電気代の節約で工場のベースのコストを下げる。これはほぼすべての企業がやっていますが、さらに高いレベルを実現するには莫大な投資が要ります。環境対応で社会に貢献できても、消費者が満足するコストパフォーマンスの高い製品を供給できなければ、経営者として決断できる投資規模やスピードが変わるのです。その投資を大胆に促すために分母を下げて分子を高めるという「エネルギー生産性」という考えが生まれたのです。

エネルギー生産性の向上は２０１１年から当社の工場で実践しており、分母・分子それぞれを改善する技術やノウハウを積み上げました。ＩＡＢはいわば製造業のための製造業です。よりよいモノづくりを追求する中で培った実績や成功体験は、業種問わず広くグローバルの製造業各社に共感していただけると考えます。

そしてこの考え方は世界の潮流となりつつあります。英国拠点の国際

「我が社も製造業。より良いモノづくりを追求する中で培った技術やノウハウは様々な製造業のお客様にも活用していただけるはず」（辻永さん）

環境NGOは事業活動におけるエネルギー生産性の倍増を目標に掲げる企業が参加する国際企業イニシアチブ「EP100」を主催しています。当社は昨年11月に日本の製造業としては初めて参画し、2040年までに2倍にする目標を公表しました。

自社で実証した技術・ノウハウを他社へ

課題を可視化、働く人の意識も変える

田中　私が在籍する綾部工場では、製造設備に使われる多様なセンサーの多品種少量生産を推進しています。設備の性能を左右する製品なので、品質や生産効率はとても重要です。これらを高めつつエネルギー消費を削減するため大画面モニターの「環境あんどん」を工場内に設置して、生産進捗状況とエネルギー消費をひもづけてグラフや色で可視化してい

ます。工場全体にとどまらず各工程まで情報がつながっています。工場全体でエネルギーを少し使いすぎているとなれば、その原因を個別の設備レベルで把握できます。

環境あんどんのチェックは工程管理者の役割ですが、各フロアに設置されているので、ほかの従業員もその状況が分かります。可視化のひとつのポイントは、部署や役割の違いを超えて全員が意識を共有することにあります。この第一歩がないと、効果的な現場改善につながりません。工場を見学した外部企業の多くの方々に環境あんどんに興味を持っていただいています。「当社は省エネだけに取り組んでいたので、大いに刺激を受けた」という感想もいただきました。

辻永　綾部工場はＩＡＢの工場の中でも取り組みがかなり進んでおり、エネルギー生産性の数値は10年間で1・6倍になりました。この数値はかなり誇れると思っています。一般的に工場が生産を拡大するには設備増強を伴うため、エネルギー消費が増えやすいのです。高性能だけれど

工場内に設置される
大画面モニターの「環境あんどん」

エネルギー消費量が大きい設備を導入する場合もあるでしょう。そう考えると、工場内の照明を消すような取り組みだけでは1・0の数値すらキープ出来ないのです。

省エネだけ考えると投資を決断しにくい案件でも、エネルギー生産性という大きな視野で考えるとその判断が変わると思います。経営の立場からすれば社会へ貢献することと環境問題への取り組みの2つは必須要件です。最近では環境意識の高まりを受けて、製造業に対する消費者をはじめステークホルダーの視線も厳しくなっています。いくら性能や品質が良く環境に優しい製品をつくっても、生産工程や運搬過程などのプロセスでエネルギーを多く消費し環境に負荷をかければ事業活動は支持されません。

一方でモノづくり現場は、いかに不良品を出さず効率よく生産するかということをミッションとして背負っています。環境負荷の低減と生産性の両立がない限りは、経営資源の配分がうまくいきません。

エネルギー生産性のご提案は欧米でも展開を始めました。環境やエネルギー問題への感度の高い地域で、ＥＰ１００の宣言とともにビジネスを展開します。

お客様の課題を、自分事で取り組む

仕事を通じ社会とのつながりを意識

奥山　私は中四国エリアの製造業各社に生産高度化と省エネ実現のためのご提案をしており、直近では村田製作所グループの岡山村田製作所様と同社のクリーンルームのエネルギー生産性向上に取り組んでいます。少し詳しく言いますと、工場の現状と課題を把握するためにデータ活用サービス「i-BELT」を導入いただいた段階です。あらゆるモノがネットにつながるＩｏＴが製造現場に入って様々なデータの取得が可能になりました。課題解決につながるデータを洗い出して取得、分析して改善案

「お客様それぞれが抱える課題を
自分事と捉えて一緒に取り組むことは
大きな挑戦で、やりがいがあります」
（奥山さん）

を練り、i-Automation! を具現化した協調ロボットなどのソリューションの導入により現場課題の解決を図るイメージです。

同時に、エネルギー生産性向上に対するお客様との意識共有も一緒に進めています。脱炭素社会の実現という大きな目標の実現は同じ意識をもって団結しなければ難しいからです。その際に綾部工場の実例がとても役立っています。取り組み過程で生じた社員間のあつれきなども正直に話し、泥臭く乗り越えたことをお伝えすると、現場を知らないただのコンサルティングとは違うなと信頼していただけ、安心感を持ってもらえます。

担当エリアを回っていて、昨年ぐらいから環境対策や生産性向上への関心が高まっていると感じます。お客様それぞれが抱える課題を自分事と捉えて一緒に取り組むことは大きな挑戦ですし、やりがいがあります。

辻永　当社の事業はＢ２Ｂであり、主にモノづくり現場の方をお客様にするので、事業活動と社会貢献の関わりを外部にお伝えしにくい面があります。ただ、お客様の生産活動の改善をお手伝いすることは消費者が手に取る最終製品がより良くなることにつながるので、産業の発展を通じて社会と結びついていると自負を持っています。

昨今、持続可能な社会づくりや環境、エネルギーという視点が加わり、事業活動の意義について多くの方に理解して頂けるようになってきたと思います。そこで特に未来を担う若い社員には、仕事のやりがいや喜びを少しでもたくさん感じてもらいたいです。

田中　私たちがつくったモノが次のモノづくりに使われ、それがまた次のモノづくりの役に立って製品が社会に届けられる。そのつながりを意識すると、一個でも多くより良いものをつくりたい、使ってもらいたいというモチベーションにもなります。生産性の改善も同様です。自社の改善事例がほかのところでも展開されるというのは、自分たちの創意工夫が認められたことでもあり、常に意識して働いています。

企業の理念・ビジョンが求心力に

社員を育む、実践と評価の好循環

辻永 私は、社員それぞれが仕事にやりがいや楽しさを感じ、よりよい社会づくりとのつながりを実感することが、活気あふれるいい組織をつくり上げるカギだと思っています。仕事内容は異なっても同じ方向性を持てることが実感共有のベースとなるので、企業理念は大事です。オムロンでは「われわれの働きで われわれの生活を向上し よりよい社会をつくりましょう」というミッション（社憲）が社員の求心力の源泉です。今般、ＩＡＢはオムロングループの長期ビジョン「Shaping the Future 2030」の下で事業ビジョン「オートメーションで人、産業、地球の豊かな未来を創造する」を定めました。これもまた社員の仕事に対する方向性をそろえるためのものです。こうやって高まった組織力は、お客様への提案や共創する場面で生きるのです。

奥山　私はオムロンの企業理念に惹かれて入社を決めたと言っても過言ではありません。現在は営業担当として何をするべきか、お客様とどう向き合うべきか、など仕事上で迷ったときの拠り所でもあります。先輩や上司も企業理念を大事にしており、社内で浸透していると感じています。

田中　オムロンでは毎年、企業理念の実践を表彰するＴＯＧＡ（The OMRON Global Award）を開催し、さまざまな事例を掘り起こし共有しています。毎年、社員が何らかの形で関わるので企業理念の組織浸透につながっていますし、評価されることが自分の成長を促すと思います。

辻永　製造業が社会の変化に対応し、ニーズを先取りして価値創造を続ける上で多様な人財の活躍が欠かせません。田中さんや奥山さんのよう

「社会とのつながりを意識すると、
一個でも多く良品をつくりたいという
モチベーションにつながります」
（田中さん）

な志のある若者と一緒に働き、より良い社会づくりに貢献していきたいと思います。人的資本経営が注目されていますが、私も社員の幸せが企業の活力になると実感しています。事業ビジョンに盛り込んだ「人」とは社会で暮らす人々であり、同時に社員のことでもあるのです。オムロンは入社直後から自分の強みや個性を発揮できるチャンスを提供できる会社です。仕事に誇りを持つ社員が増え、オムロンという企業への認知が高まることを期待します。

そして、我々は一緒にソーシャルニーズを創造するパートナー企業も求めています。脱炭素社会の実現をはじめとする社会的課題が山積する中で、企業のチャレンジ要素は増えています。今ある技術や製品ですべて対応できるとは考えておらず、外部企業と協業したり新しい技術や知見を取り入れたりすることが欠かせません。より良い社会をつくるために、やるべきことはこの先も愚直に取り組んでいくつもりです。

（２０２３年３月27日付 日本経済新聞朝刊の掲載原稿を加筆・修正して掲載）

第2章

識者に聞く、若者世代との歩み方

若者たちは、何に価値観を見出し、幸せを感じているのでしょうか。企業の経営者は若者にどう接するべきか、若者と組織に詳しい学識経験者や、10代にして国際的NPOの日本支部を運営する若者に話を聞きました。

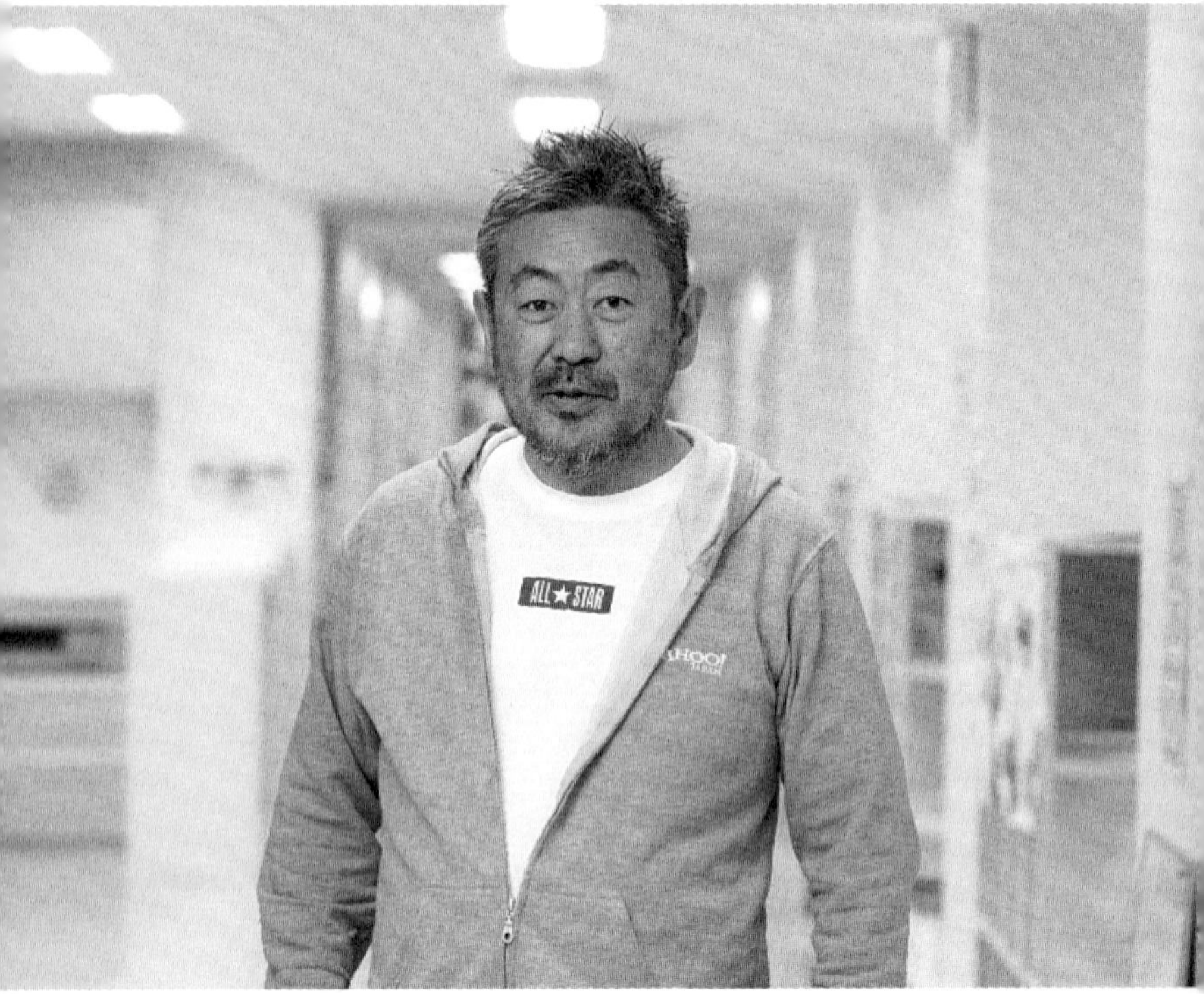

いとう・よういち／武蔵野大学 アントレプレナーシップ学部アントレプレナーシップ学科 学部長 教授。東京大学経済学部卒。日本興業銀行、プラスを経て2015年4月よりヤフーに入社して、Zホールディングス株式会社Zアカデミア学長、株式会社フィラメントCIF（チーフ・イシュー・ファインダー）、株式会社ウェイウェイ代表取締役、グロービス経営大学院客員教授などを務めながら次世代リーダー開発に携わる。2021年4月、武蔵野大学アントレプレナーシップ学部の開設と同時に学部長に就任。学生と文字通り寝食を共にしながら、次世代の人材教育に注力。代表著作に『1分で話せ』。

INTERVIEW

停滞した日本を元気にする鍵はフラットな視線で夢を語り合うこと

伊藤羊一さん　Ito Youichi

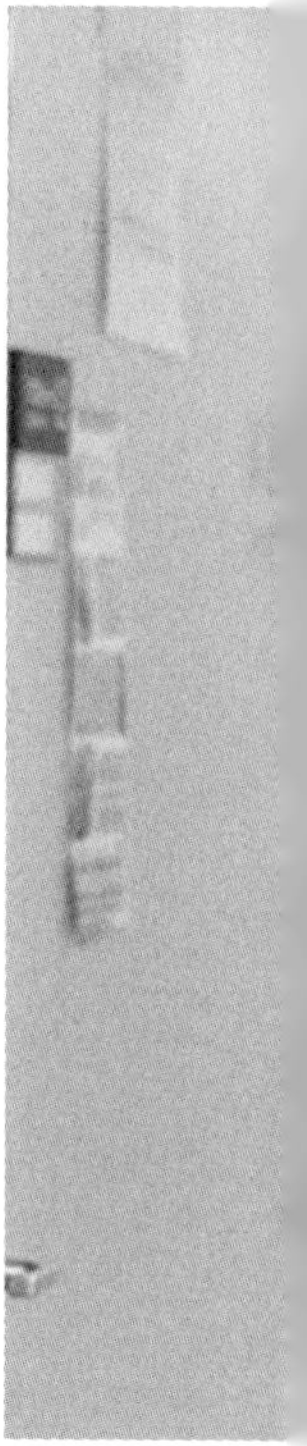

インターネットの登場以降、急速に弱くなってしまった日本

日本経済が弱くなったのは、バブル崩壊がきっかけではないと言ったら驚きますでしょうか。名目GDP（国内総生産）上位国の推移を記したグラフがそれを物語っています（図）。バブル崩壊は1990～1991年といわれていますが、その後も日本経済は緩やかながらも右肩上がりの成長を続けていました。ところが、ある年を境に成長が止まり、そこから横ばいを続けるようになっています。分岐点は1995年。この年に日本ではある社会現象が起きました。ウィンドウズ95が発売されたのです。

ウィンドウズ95は、それまでビジネス業務のために利用されていたパソコンを一般家庭へと普及させる原動力となった、マイクロソフト社のOS（オペレーティングシステム）です。ウィンドウズ95の登場以降、文字を羅列するだけだったパソコンの画面には、カラフルなアイコンや、写真や図などのグラフィック画像が並ぶようになり、一気に見える世界が変わりました。

さらに画期的だったのは、インターネット接続機能が搭載されたことです。ネットワーク上では国境がなくなり、世界と瞬時につながることができます。その利便性と革新性は世界をとりこにして、パソコンの爆発的な普及とともにインターネットは世界に広がっていきました。1995年が

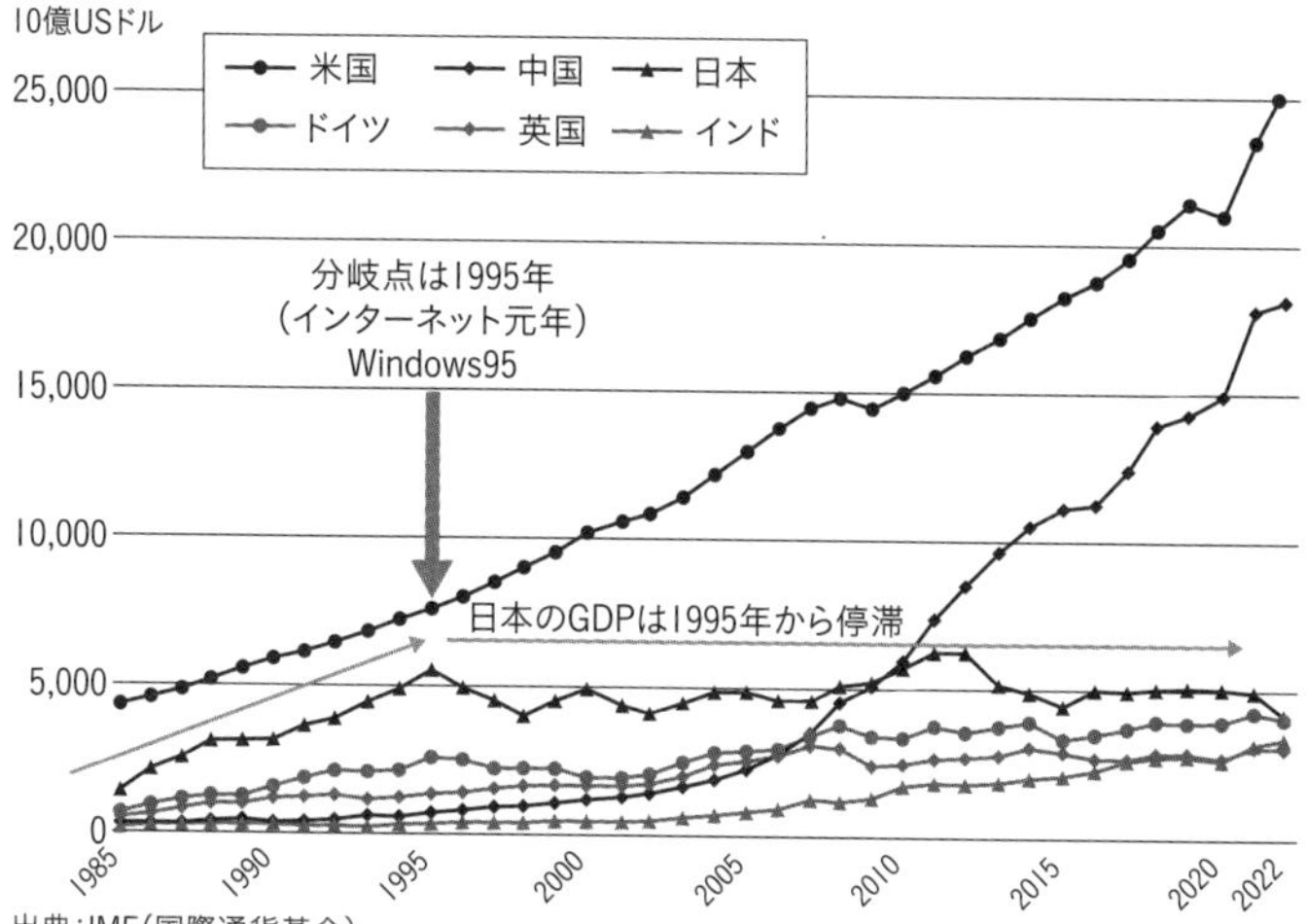

出典：IMF（国際通貨基金）

図　GDP上位6カ国（米国、中国、日本、ドイツ、英国、インド）の推移

「インターネット元年」と呼ばれるゆえんです。

瞬く間に巨大企業に成長した米国のテック企業のグーグル、アマゾン、フェイスブックや、ツイッター、インスタグラムなどが登場したのは、これ以降です。これらのテック企業は、まさにインターネットを活用してビジネスを成功させました。20数年で世界を席巻できる巨大企業を生み出せるほどのパワーを発揮したインターネットは、世界の姿を大きく塗り替えてしまいました。

この急速な動きに、日本がまったくついていけてないことに、大きな危機感を感じています。

国際経営開発研究所（ＩＭＤ）が発表した「世界競争力年鑑」によれば、２０２２年度の日本は63カ国中34位です。30余年前の日本は、バブルがはじけても1位に君臨していました。しかし、１

997年に17位に急落して以降、ランキングを落とし続けています。シンガポールや香港、台湾など、アジア圏の国や地域が上位に登場する中、今や先進国の中では下位クラスに甘んじています。インターネットビジネスの波に乗りそこねた日本は、世界市場から確実に置いていかれてしまっているのです。

このままではいけないと危機感を覚えている人は、新しい学びを取り入れています。ビジネスの現場では、学び直しやリスキリング（新しい時代の変化に対応するために、新しい知識や技術、スキルを身に付けようとすること）の必要性が叫ばれています。

しかし日本は、この点に関しても意識が低く、特に40代以上は新たに学ぶことに消極的です。停滞に慣れ過ぎてしまったのでしょう。今の水準を維持できるならばそれでよいと、学ぶことを放棄してしまうのは、問題の先送りにほかなりません。企業の中核で組織を動かしている大人世代に、そうした傾向が見られることが、問題を根深くしています。

利己の気持ちが薄く、失敗への恐れを併せ持つ若者たち

Z世代の若者たちと接して特徴的に感じているのは、考え方がとてもフラットだということです。

ダイバーシティーやジェンダーなど、マイノリティーに対する考え方も、かなりナチュラルでフラットです。存在していることを知っている、当たり前だと認識しているというスタイルです。むしろ、性差や格差を強調するような表現は敏感に察知して、「そういう言い方をする必要がありますか？」と理性的な疑問を呈してきます。

思春期の頃から多様性やＳＤＧｓ（持続可能な開発目標）などに関する教育を受け、世界の中にある社会問題をどのように解決するかを考えてきた世代だからでしょうか。利己的な欲求を優先することよりも、周りの幸せや社会の幸せを考えることを重視しているような傾向が見られます。社会に貢献しようという想いも、義務感や使命感のような強い衝動ではなく、その方が皆が幸せになれると自然に考えていると思われます。

もう一つの特徴として感じるのは、失敗を恐れる保守傾向が強いことです。もちろん、失敗を恐れる気持ちは誰もが当たり前に持っている感情です。恐れを抱きながらも前に進もうとする意思を持つには、エネルギーが必要です。そのエネルギーが弱く、保守的な傾向も強いため、前人未到の域に一歩を踏み出そうという挑戦を諦めてしまっているような風潮も感じています。

その理由は定かではありません。日本の低迷期が長過ぎて、Ｚ世代の若者を育てている親すら日本が好景気で浮かれていた時代を知らず、大きな成功体験を語れないからかもしれません。少子高齢化の影響により一人の子どもに対して大人の目が集中し、少しでも危ないことは回避させてきたことも影響しているのかもしれません。

新しい価値を創造し、日本を元気にする力を育てたい

今、日本に欠けているのはアントレプレナーシップ（起業家精神）、新たな価値を創造していくマインドだと考えています。

アントレプレナーシップを持つ人材（アントレプレナー）は、起業家のみならず、企業の中でも少しずつ増えています。しかし、社会を巻き込むうねりを起こすまでには至っていません。新しいことをしようとして注目を浴びても、特異な存在だと切り離されてしまうからです。そうさせないためには、アントレプレナーを増やし、一般化させていくことが必然的な使命だと考えています。

長らく、ビジネスの現場で人材教育に携わってきましたが、２０２１年には縁あって武蔵野大学アントレプレナーシップ学部の創設が叶い、学部長としてZ世代の若者の教育に携わるようになりました。

アントレプレナーシップをキャンパスに展開したいという本気の想いを示すためには、既存の価値観にとらわれない型破りな行動こそが必要です。そこで、学部1年次には全員が寮生活を送ると

いうことにし、私自身も寮内に部屋を用意して一緒に生活しています。膝を突き合わせるだけでなく、寝食も共にすることで、お互いの想いを語り合いやすくなるからです。

そもそも大学教育のことなど分からない新参者なのですから、教育者と学生という立場上の垣根はなくし、未来への夢を語り合う仲間たちの輪を作り上げたいと考えています。

アントレプレナーシップを一般化させるために

アントレプレナーシップという「出る杭」を育てていくという覚悟を決めてから、まずは私自身が「出る杭」になろうと決めました。

企業の講演や研修などは、多少無理をしてでも参加し、ウェブサイトやブログはもちろん、SNS（交流サイト）や動画サイト、音声プラットフォームなどをフル活用して、露出を増やしています。私自身の発信力と社会的な影響力を高めることで、アントレプレナーシップの話を聞いてもらう道筋をつくりたいからです。

変化に慎重な世代の中にいる私自身が影響力を持つことで、アントレプレナーシップという新しい価値に耳を傾ける人が増え、大きな壁に小さな風穴を開けられるかもしれません。

また、言い続けることで協力してくれる仲間も少しずつ増えるはずです。やがて、未来への夢を抱いて社会に飛び出した若き仲間たちが、その穴を間口へと広げていってくれることを願っています。

誰の夢も笑わない。その中に、いつか未来を変える力があるから

一昔前のSF小説で描かれて、非現実な近未来といわれていたテクノロジーは、続々と現実世界で実現しています。これからもテクノロジーは思いがけない進化を果たして、無限の可能性を生み出すことでしょう。

大きな夢を実現するための確かな道は、その夢の内容を誰かに語り、広めることです。恥をかいたり、失敗して笑われたりすることを恐れ、自分の内側に秘めてしまっては、その夢の存在に誰も気付くことができません。当然ながら、誰も協力しようがありません。夢の存在を誰かに認めてもらえれば、それが励みとなって、一歩を踏み出す勇気と力を生みます。

画期的な発想による新しい技術は、もともとは誰かの空想の産物でした。荒唐無稽に思えるような夢や常識を打ち破るほどの強い想いが、夢を現実に引き寄せ、イノベーションをつくり上げてきました。だからどんなに無謀だと思えることでも、人の夢は笑いません。笑うことで夢が否定され

「夢の実現は、夢に向かってどれだけの行動ができるかに懸かっている」と語る伊藤学部長

てしまうからです。

その夢が実現できるかどうかは、夢に向かってどれだけの行動ができるかに懸かっています。だれかが夢を笑い、一歩を踏み出す勇気がついえたら、その夢は決して叶うことがなくなってしまいます。未来を変えるチャンスの種を奪うようなことはできません。

今語っている夢はいつか実現できると信じ、現実を度外視して語り合う。その過程の中にこそ、夢を現実に変えていく鍵があると信じています。

今の大人社会に若者たちを送り出すことへの不安

学部開設から3年目を迎え、2年後には第1期生が社会へと巣立っていきます。しかし、今の日本社会へとZ世代の若者を送り出すことには、かなりの不安を感じています。

インターネットの台頭と、米国テック企業の席巻を見ても、慎重な姿勢を貫いてきた日本です。アントレプレナーシップという新しい価値は、頭では分かっていてもなかなか受け入れられないかもしれません。大学という保護区から社会に出た途端に、使い慣れない古い武器を握らされ、やりたくもない戦いに押し出され疲弊していく。そんな構図が想像できてしまうのです。

3年間のコロナ禍生活で強制的にデジタル化が進んだことから、ようやく変革が進む期待が持てるかと思いきや、コロナ禍は異例な状態だったとして、元に戻そうとする勢力も働いているようです。

硬直した社会を生み出してしまった大人世代の一人としての責任を感じながら、重い扉をこじ開け、若い世代の受け口を広げたいと奮闘しています。

時代に取り残されないための「脱皮」

インターネット前とインターネット後で、世界は一変しました。もはやインターネットのない世界に戻ることはできません。これからの時代は、インターネットを前提として新たな技術が生み出され、社会の中に投映されていくでしょう。

インターネットのない世界を長く経験してきた人ほど、これまで常識と思っていたことが通用せず、自分の培ってきた経験が意味を成さなくなったと感じて、戸惑いは大きいでしょう。自分の人生そのものを否定してしまうように思えるかもしれません。でもそうではありません。いわば、古い殻を脱ぎ捨てて、成長を図るための「脱皮」なのです。

インターネット上は、年齢も肩書も性別も人種も民族の違いも関係のないフラットな空間です。Z世代の若者たちにとっては、生まれた時から存在している、あって当然の世界なのです。だからこそ、その中を自由に泳ぎ、新たな泳ぎ方を考え始めたり、新大陸を見つける可能性を考え始めたりしています。すでに、社会を変えるような影響力を持つ若者が登場していますし、これから続々と増えていくでしょう。その姿をいつまでも指をくわえて見ていてよいのでしょうか。

過去にしがみつき、意地やプライドにこだわって堅い殻に閉じこもっているだけでは、残りの人生は、決して楽しいものにはならないでしょう。岸辺でたたずむよりも、フラットな立場を受け入れて若い世代に教えを請い、新しい泳ぎ方を考える輪の中に加わった方が、ビジネスパーソンとしても、一人の人間としても、ずっと楽しい人生を送れるはずだと断言します。

おの・ひろし／一橋ビジネススクール国際企業戦略専攻教授。早稲田大学理工学部卒業。シカゴ大学大学院社会学研究科博士課程修了、Ph.D.（社会学博士）取得。野村総合研究所コンサルタント、ストックホルム商科大学准教授、テキサス A&M 大学准教授を経て2014年より現職。2017年スタンフォード大学客員教授。現在、テキサス A&M 大学特任教授も務める。専門は労働経済学、労働社会学、人的資本理論、幸福論。主著に『Redistributing Happiness: How Social Policies Shape Life Satisfaction』（K.S. Leeと共著、Praeger出版）、「なぜ人的資本の投資が必要なのか？」『一橋ビジネスレビュー』（2023年夏号）などがある。

INTERVIEW

昭和世代vs ミレニアル世代・Z世代 働き方の変革期が訪れている

小野 浩さん
Ono Hiroshi

コロナショックによる働き方の強制的な変化

働き方改革が促され、長時間労働の解消や柔軟な働き方の実現を目指すといわれてきましたが、その変化は緩やかなものでした。特に、組織の規模が大きくなるほど、今まで通りの働き方を維持する惰性が強くなり、大きく舵を切って方向を変えることが難しくなります。外部からの大きな力が働かないと、思い切った軌道修正がしづらいからです。

予想外の大きな力が働いたのが2020年、新型コロナウイルス感染症（COVID－19）の世界的流行です。感染予防の観点から三密（密閉、密集、密接）を避けることを強いられ、外出の自粛をはじめとした行動の制約が政府主導で推進されました。

それに伴い企業の働き方も変化せざるを得なくなりました。従業員の全員が出社して、対面で仕事を行っていた従来のスタイルは事実上不可能になったので、在宅勤務という新しい働き方が推奨されたわけです。いわば「コロナショック」です。

コロナショックは、最初は混乱を生んだものの、必然的に企業のDX（デジタルトランスフォーメーション）が推進され、在宅ワークによる移動時間の短縮、交通費の削減など、オンラインならではの効率化がメリットとして認識されるようになりました。やがて「対面でなくても十分に仕事はできる」という新たな気付きをもたらしたのです。慣例や固定観念に縛られていた働き方の概念を、コロナショックが打ち破ったといえるでしょう。

大きな打撃を受けた業界もありましたが、社会全体のデジタル化を促進した変化を考えると、結果的にポジティブな波及効果が得られたと考えています。

変化への対応にたけた若者から学ぶ姿勢が重要

企業の中には、コロナ前の働き方に戻そうとする動きも見られますが、合理的に効率良く仕事をするという意味では、確実に望ましい方向に進化したのです。その勢いを殺してしまうのは得策ではありません。

あくまでも対面にこだわろうとすることも、全面的にオンライン化を進めるのも、解決策としては現実的ではないでしょう。その状況に応じてどちらが適しているのか見極めて対面とオンラインの良さを生かしていくのが理想です。その見極めの判断は、若者の方が要領を得ていると考えられます。

コロナショックが起きたタイミングで大学に通い、就職活動をして新社会人になった若者たちは特に、対面でのコミュニケーションとオンラインでのコミュニケーションを両方とも体感しています。変化に対して柔軟な姿勢で取り組まざるを得なかった世代だからこその経験知を蓄えたのだといえます。それを生かさない手はありません。私もビジネススクールで若い方々と日ごろ接していますが、学ぶこと、教えてもらうことはたくさんあります。

先の読めない変化の激しい時代だからこそ、変化への対応に慣れているミレニアル世代やZ世代の若者の声に耳を傾け、その考え方や働き方を理解することが必要になるでしょう。

職場には歴然とした上下関係があり、下が上に教えを請うという構図が長らくまかり通ってきましたが、これからの時代は、年長者も若い世代から学ぼうとする姿勢が問われます。

人が働く理由は、外発的動機から内発的動機へ

人が働きたいと考える動機には、外発的なものと、内発的なものがあります。

外発的な動機が強い場合は、給与や待遇などによる刺激、罰則や非難の回避など、外的な要因によって行動や振る舞いを決めます。一方、内発的な動機の場合は生きがい、やりがい、パーパス(存在意義)など、自分の中でやる気が湧き起こります。

昭和時代の日本人の働き方は一元的で、ネームバリューのある企業に勤めることがステータスであり、給与をもらうために働く、昇進して高い地位を獲得するという外発的動機が重視されてきました。

しかし近年は、内発的動機を大切にした働き方がクローズアップされています。就職の際も、企業理念に共感できる会社、パーパスや使命感を感じられる会社、ダイバーシティーやESG（環境・社会・企業統治）に対して真剣にコミットしている会社であることを重視して会社選びをするようになってきています。給与も大事ではあるけれど、それよりも働く上でのハピネスを求める人が増えているのです。

さらにミレニアル世代・Z世代の若者は、給与が多少減ってでも、フレキシブルな働き方を望むようになっています。働く理由が外発的動機から内発的動機にシフトしている、といえるでしょう。出社して全員が一堂に会さなくても、在宅ワークなど、合理性や効率性に富んだ働き方ができることを認識したことで、「場所」と「時間」に自由が利く職場で働きたいという声が増えているのです。

若い世代にはフィードバックを

ミレニアル世代・Z世代の若者は、コミュニケーションをすごく重視しています。言わなくても分かるだろうという態度は、コミュニケーションを拒否しているのと同義です。

かつての日本には、組織風土の中で暗黙の了解や会社の不文律がまかり通っていましたが、実際には分かったつもりになって分かっていないこともあるでしょう。よほど気心が知れない限り、口に出さなくてもお互いの意思が通じ合うということはあり得ません。

合理的に効率良く仕事を進めるにも、してほしいこと、任せたいことはきちんと明示化して、あえて口にすべきなのです。空気を読んで判断してもらうとか、言わずに分かってもらおうとするのではなく、言わなくては話が進まないのだと思った方がよいでしょう。特にこれからは確実に多様性が広がります。異なる文化の方々が、日本人と同じことを暗黙に理解しているとは限りません。ダイバーシティが進んだ社会では、直接的で明示的なコミュニケーションがさらに重要視されます。また、ミレニアル世代・Z世代からの意見や行動に対するフィードバックは大切です。承認欲求が強い世代でもあるので、フィードバックすることで「きちんと見てくれている」と信頼感が醸成されます。

若い世代はパーパスを重視し、仕事の意味や目的を大切にする価値観を持っているので、上司に

「ミレニアル世代・Z世代の若者はコミュニケーションを重視している」と語る小野浩教授

言われたことには無条件で従うのが当然という論理は、もはや通用しません。

指示に対して「なぜですか」と聞き返されることもあるでしょう。これは反抗ではなく、説明を求める問いです。ここで、きちんと説明できないことの方が問題です。自分でも意味が分からない仕事をさせようとしているのかと信頼を失いかねません。「なぜ」と問われたら、生意気だと怒るのではなく、きちんと説明を返す方がZ世代とのコミュニケーションが円滑になります。

若い世代が口にする疑問について考え、答えを導き出すことで、自分にとっての働く意味や目的、存在意義などを考えるきっかけになるかもしれません。

個と個を結び付けて、チームへと誘導していく

これからは若い世代が求める働き方がスタンダードになっていくと予測していますが、昭和世代の働き方を全面的に否定しているわけではありません。スクラムを組んで動くような一体感を持ち、企業に対する忠誠心が厚く、企業に属する社員としての誇りを持って働いている人が多い時代でした。この時代を経験した人なら肌で感じていることでしょう。

フレキシブルな働き方が求められるといっても、全員が組織から分離して「個」として動くことが良いわけではありません。チームワークや、思考の共有は不可欠です。

若者世代も感情のないロボットではありませんから、何らかの形で社会とのつながり、かつヒューマンな部分を求めています。その点をうまく活用して、エンゲージメントや心理的安全性を担保し、結び付きをつくってチームへと誘導することは十分に可能だと考えています。チームの中で「個」の強さを発揮できるように、一人ひとりの個性を引き出していければ、組織としても強くなることができるでしょう。

逆に、個性が反発し合って、チームに対して破壊的に作用してしまうのであれば、それは組織としてうまく機能していないと考えられます。

北欧型のライフスタイルに近づいている若者たち

かつてスウェーデンに8年間在住し、北欧の人々のライフスタイルを目の当たりにしてきましたが、彼らの働き方は「レジャーありき」で、まずはレジャーを優先します。レジャー時間を確保するために、自分はどれだけ働けばよいのかを逆算し、必要な分だけ働くというスタイルです。とにかく仕事を優先した上で時間が残ったら休みをとるという、日本の昭和世代とは真逆の価値観といえるでしょう。

1日は24時間しかないので、長時間労働が続けば自分のプライベートな時間が削られます。年間総労働時間と幸福度の相関関係をグラフ化すると、労働時間が長いほど幸福度が低いという傾向がみてとれます（図参照）。

また、スウェーデンはジェンダー・ギャップに関して先進国で、ジェンダー・イクオリティーというよりジェンダー・ニュートラル、男女の性差にとらわれない中立的な考え方をしています。男女で役割を明確に分担しようとした昭和世代の家庭とは違うライフスタイルが、この点からも見て取れます。

北欧社会は、充実した社会保障制度でも有名です。従来家族で補っていた育児や介護を国が提供

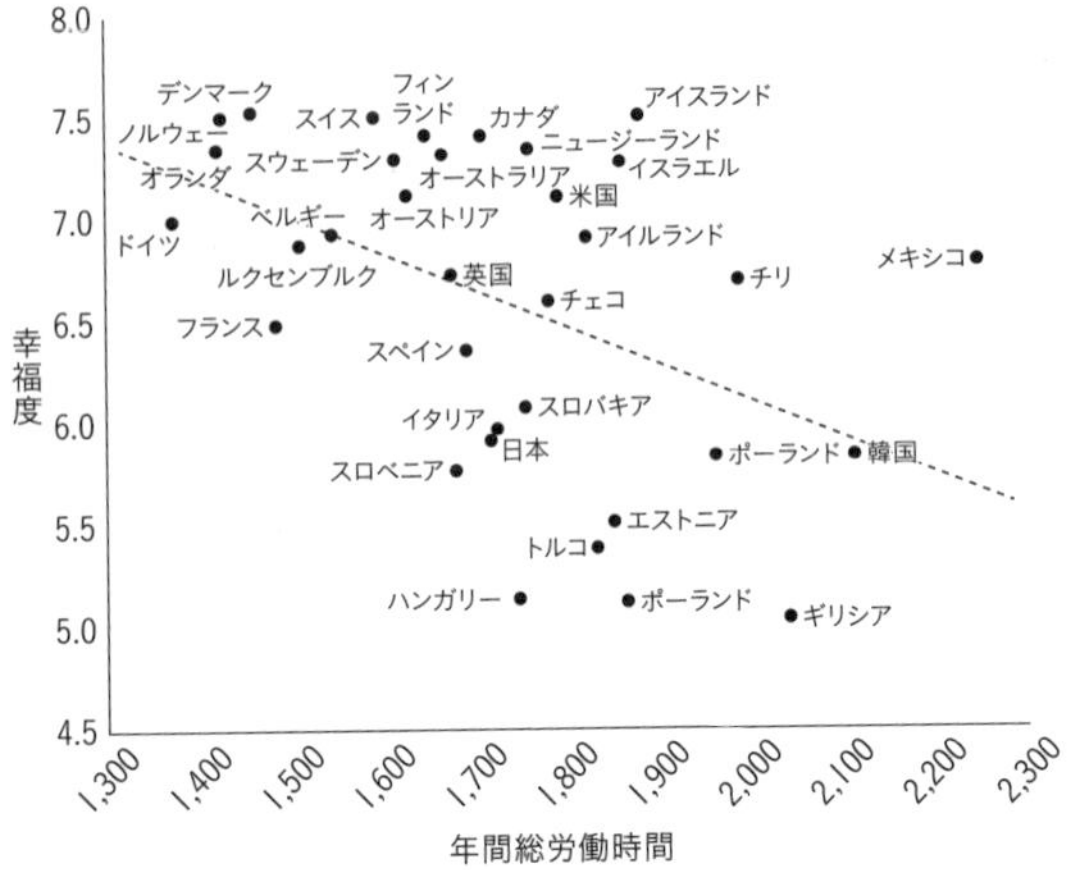

出典：年間総労働時間は2015年経済協力開発機構（OECD統計）、幸福度はWorld Happiness Report 2015。
データを元に著者作成。相関係数は-0.45で統計的に有意。

図　年間総労働時間と幸福度の関係

する仕組みです。日本の社会保障制度も今確実に北欧型にシフトしています。昔は育児や介護は家族内で解決するのが当たり前でしたが、世代が変わるにつれて家族観も変わりました。家族の絆が弱まると懸念される方もいるかもしれません。しかし、育児や介護が（特に女性にとって）大きな負担であるが故に、個人が本来の能力をフルに発揮できなくなることも否めません。国家主導型の社会保障制度は、家族といった「集合体」から負荷を減らし、「個」を生かす効果があります。そして、足かせとなっていた役割から個人が解放されることが国民の幸福度を引き上げているのも事実です。

ミレニアル世代・Z世代の若者には、24時間しかない1日を、仕事だけで終えるのではなく、自分の人生を楽しむことに費やしたい、個をもっと生かしたいと考える人が増えています。決して悪いことではありません。そういう意味では、若者たちの価値観は昭和世代よりも北欧型に近づいているといえるでしょう。やがては日本の幸福度も北欧並みに高まっていくかもしれません。

組織への不健康な依存から自立するために

私たちの働き方は、改めて見直すべき時期に来ています。いつまでも昭和世代の働き方を引きずっているべきではありません。

昭和世代の働き方の大きな落とし穴は、終身雇用という暗黙の了解の上に不健康なまでに会社に依存する結果を招き、自分に投資して人的資本価値を高めるという動機が失せてしまったことです。

企業に従事する期間が長くなるほど、企業特殊的人的資本（その企業で働くために役立つ技能やスキル、人脈）が蓄積されます。ただし、この人的資本は、その企業の中でしか通用しません。

自分の人的資本が、今いる組織以外では通用しないのであれば、ステップアップする転職は望めないことになり、組織を出ることはリスクでしかありません。たとえ不満を感じていたとしても、「他に行く場所などないのだから、定年まではここにいるのが得策」と組織に執着し、依存することになります。特に年齢が高くなり、勤務年数が長くなるほど組織への不健康な依存度は強まります。満足しながら仕事をしているわけではないので、モチベーションが低くなり、生産性は上がらず、期待もされないので仕事へのエンゲージメントも育まれない。アンハッピーな負のスパイラルにとらわれてしまう可能性もあります。

これからは自己責任の時代です。今までのキャリア形成はどちらかと言えば組織任せでした。自分の意志や専門性に反して、会社の都合で配置が決まることも珍しくありませんでした。今後は自分のキャリアは自分で決める、そしてそれを実現させるためには、いざというときには自立できるような覚悟で働くことが望ましいでしょう。例えば、学位や資格などのような、市場全体で通用する「一般的人的資本」を培い、自らの価値を高めることです。どこでも通用するポータブルな一般人的資本を手にしている人は、転職でステップアップができるので、いま籍を置いている企業に執着する必要はありません。履歴書に書けるような能力や技能に投資することで、他の人からも見える人的資本を高められます。

社外の人脈を増やしてネットワークを拡充したり、副業を始めてみたりすることでも、自分が勤める企業以外でも自分が輝けるオプションがあるという自信が湧き、生きがいを感じられると思います。自立心が身につき、組織への不健康な依存も断つことができるので、幸福度も高まります。

かわさき・れな／ユーグレナ２代目CFO。2005年生まれ。14歳だった2020年に国際的な非営利組織（NPO）「アース・ガーディアンズ」の日本支部を設立。同年10月から2022年６月までは気候変動や健康における社会課題の解決に取り組むバイオベンチャー企業ユーグレナの２代目CFO（Chief Future Officer：最高未来責任者）を務めた。2022年11月には児童権利擁護組織「キッズライツ財団」が主催する「国際子ども平和賞」に、世界46カ国175人以上の候補から選出され、日本人で初めて受賞。

INTERVIEW

大人の世界で学んだこと子どもから学んでほしいこと

川崎レナさん
Kawasaki Rena

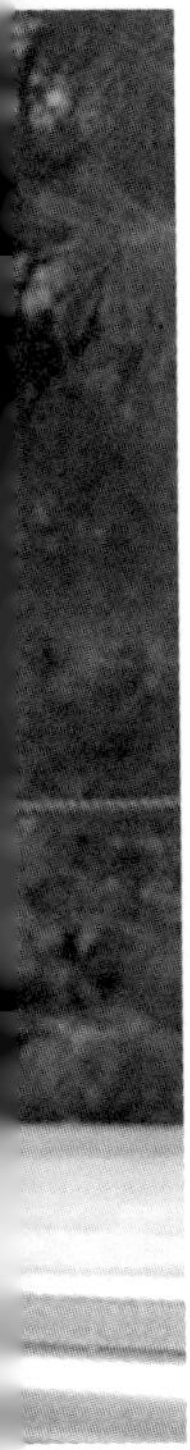

世界が混乱していたコロナ禍に今こそできることは？

小さい頃からインターナショナルスクールに通い、人種も国籍も異なる人たちに囲まれて過ごしてきました。ニュースが伝えていた紛争の地は、遠いどこかの外国ではなく、友だちの祖国だと知ることで、世界を身近に感じられた環境だったと思います。

誰かのために、自分は何ができるのだろう――。そう考え始めたのは、『ランドセルは海を越えて』（ポプラ社）という本を読んだことがきっかけです。

アフガニスタンに文具と共にランドセルを寄付する活動を記した本を通じて、世界には不自由を強いられる子どもたちが大勢いて、自分が恵まれていることを知りました。自分たちができることを考え、クラスメートと手作りの品を文化祭で販売し、その収益を寄付することを思い付きました。先生の協力もあり、自分たちの思いがこもったお金を国際連合児童基金（ユニセフ）に送ることができました。8歳の頃です。

何かを思い立ったらすぐに行動するようになったのは、そのあたりからではないかと思います。子どもの発想ならではの無謀だと思うようなことでも、親や先生など周りは誰も反対せず、むしろ協力してくれるような環境だったことは幸いでした。

とはいえ、常に前向きに行動できたわけではありません。「私一人が行動したぐらいでは、世界は変わらない」と、自分がちっぽけな存在に思えて無力感やもどかしさを感じてもいました。

転機は、2020年。世界がコロナ禍に見舞われた時です。多くの人が大変な思いをしているのに、自分は何をするでもなく家にいるしかない。今だからこそ何かできることはないのかと、若者向けのプログラムやコンテストを見つけては応募していました。

そんな中で、アースXという米国テキサスを拠点に社会問題に取り組んでいる国際的な非営利組織（NPO）を知りました。活動内容に感銘を覚えて、この組織に関わりたいと直感的に思ったのです。大学生向けのインターン制度があることが分かったので、「自分も参加したい」とメールで連絡しました。年齢や時差のこともあり、最初は断られましたが、何度もアプローチするうちに、インターンとしての参加を認めてもらうことができたのです。

アースXのインターンとして、あるパネルディスカッションのモデレーターを務めた際、パネラーを務めたのは「アース・ガーディアンズ」という若者のみで構成される国際組織の代表でした。自分とあまり年齢が変わらない人たちが政府や企業などに対して意見を述べている姿は刺激的で、日本支部がないならつくりたいと思い、その日のうちに「アース・ガーディアンズ」の日本支部創設を申請しました。ユーグレナの第2期CFO（最高未来責任者）に応募したのも同時期です。

国際子ども平和賞を受賞　©KidsRights2022

自分たちの存在価値を認めてほしい

ユーグレナの活動には、第1期CFOが誕生した時から注目していました。クラスメートが第1期のフューチャーサミットメンバー（※）として活動していたからです。自分も企業と共に、社会に影響を与えたり変革を起こしたりするような活動がしたいと思い、第2期CFO募集が始まるとすぐに応募しました。選んでいただいた時はうれしかったですし、会社と未来を変えるために良い提言をしたいと考えていました。

その一方、どこかで企業や大人に対する疑念もありました。どの企業もSDGs（持続可能な開発目標）や子どもを大事だとは言うけれど、対外的な評価を上げるためにうわべだけ行動している

※フューチャーサミットメンバー：ユーグレナCFOと共に、SDGsに関するアクションや達成目標の策定に関わる10代。

ような印象の企業もあったからです。外からでは企業の本気度は分からないので、イメージアップのための話題づくりやパフォーマンスに利用されないようにしようと考えていたりもしました。

改めて考えてみると、自分たちの存在価値を認めてもらいたい気持ちから、ＣＦＯ就任直後は私もフューチャーサミットメンバーも必死で背伸びをしていたと思います。大人を唸らせるような提言をしてみせるとがむしゃらになっていました。でも、自分たちを大きく見せることばかりに意識が向いている状態では、本質的な問題解決に向けた議論などできるわけがありません。そのことに最初は気付かなかったのです。

本気のスイッチが入った瞬間

ＣＦＯ就任後は取締役会で活動を報告する機会があり、フューチャーサミットメンバーと話し合った結果を報告したり、いくつかの提言をしたりしました。ただ、本質的な解決には届いていないこともあり、取締役会からはなかなかＯＫが出ませんでした。

数度目の取締役会の時だったでしょうか。私たちの提言内容はあまり進捗がなく、取締役会が微妙な空気になったその時、出雲充社長が「ＣＦＯたちからの提言なら、やるんだよ！」と、その場にいた取締役やCFO事務局メンバーに向けて熱弁を振るってくれたのです。

企業のトップが、自分たちの意見を本気で採用しようとしてくれている——！

その姿に衝撃を受けました。背伸びなんてする必要はない。自分たちはすでに認められているし、企業の将来を託すような提言をしてほしいと本気で期待してくれているのだと実感したのです。会議中なのに思わず号泣してしまったほど、感動した出来事でした。

そこから、自分たちのことよりもユーグレナの、そして社会の未来を考えようという、本気スイッチが入りました。

ユーグレナが未来でも社会問題の解決に挑戦し続けていくためには、ユーグレナの仲間（※）が「ここで働き続けたい」と思ってくれることが重要です。いつか自分たちが社会に出た時、どのような会社ならば働きたいと思えるかという視点でも話し合い、「仲間の心理的安全性を保ち、それぞれが仕事に対して情熱を持ち、挑戦し続けることができるような状態を目指す」。私たちが第2期CFO策定方針として掲げた「ウェルビーイング・イノベーション」には、そのような思いが込められています。

本気の話し合いの結果、導き出した提言の一つが「ペアレンツ制度」です。年齢や役職に関係なく入社したばかりの仲間が、職場環境に慣れてその人らしく仕事ができるようになるまで、違う部

※仲間：ユーグレナでは社員のことを同じ志をもった「仲間」と呼ぶ。

署の仲間が2人付いて、保護者のようにサポートする制度です。仕事以外の小さな悩みも打ち明けられるような関係性を築くのが狙いでした。

この制度は、第2期CFOの任期が終了した今でも、ユーグレナの人事制度として実施されているそうです。以前は同じ社内でも、業務で接点がなければあまり話す機会がなかったそうですが、ペアレンツに任命されることで、以前からいるメンバーにもペアレンツ同士などの新しい人脈が広がり、社内のコミュニケーションとしていい効果を生んでいるそうです。

双方向のコミュニケーションがお互いの理解を深める

振り返ってみれば、ユーグレナという企業は、相当な覚悟を持って自分たちを受け入れてくれたのだと思います。企業の道理を知らない中学生や高校生といった10代の意見を、企業の未来を左右する提言として実践するのは難しいはずです。それでも仲間として接してもらえたこと、目線を合わせて意見を聞いてもらえたので自信が付きました。自分の将来を考えるうえでも貴重な経験になったと感じています。

ユーグレナでの経験を通じて、社会の中では、年齢は関係なしにお互いに有意義な意見交換がで

Futureサミットメンバーとの最初のミーティング　©ユーグレナ

きる。学校の授業のような一方的に「教える」というスタンスではなく、お互いに「伝える」と「聞く」という双方向のスタンスをとることで、お互いから学び合える。大切なのは「対話」なのだと実感しました。

歩み寄ってくれるのはとてもうれしいですが、無理して若者に話を合わせようとしてくれなくていいのです。それよりも、自分が考えていること、体験してきたことを自然体で話してくれるだけでも、共通点は見つかると思うし、そこから親近感が湧いたりします。そうした自然な対話から得られるものは少なくないと思うのです。

ゲーム形式でキャラクターになりきる

対話は大切ですが、現実的には、誰もが気軽に対話できるわけではありません。接点のない相手、よく知らない相手と、急に建設的な対話をしようと思っても難しいでしょう。私の親が子どもの頃の地域社会は、地域中が知り合いと言えるような間柄だったそうですが、現在では隣の家に住んでいる人とすら話さないという状態が生まれています。しかし、よく知らないから話さない、話さないから知らない・分からないという状態を放置しているだけでは、理解し合うチャンスが遠のいてしまうし、良い結果を生まないと思うのです。

よく知らないことが問題なら、相手の立場を想像して考えられる機会があれば、物事を見る目が変わったり、さまざまな問題を自分事として意識したりできるのではないか――。

そのような発想から、アース・ガーディアンズの仲間たちと実践しようとしているのが、相手のキャラクターになりきって議論するゲームです。国際問題を理解するために、参加メンバーが各国の代表になりきって議題を話し合う「模擬国連」に近い試みです。

今はまだ検討段階ですが、役割として与えられたキャラクターになりきって、代弁する形で議論してみることでどのような効果が得られるか、プロトタイプの実施に向けて準備を進めています。

このゲームでは、担当するキャラクターの立場になりきって意見を言うために相手の立場を想像することが必要です。

その結果、ゲームを通じて違う立場の人の状況を想像したり、抱えやすい問題点や課題を自分事に引き寄せて考えたりすることができると思うのです。ゲームによって、お互いへの理解不足、コミュニケーション不足から生まれた不毛な対立関係がなくなったり、さらには政治に関心を持つようになって全国の投票率が数パーセントでも上がったりしたらいいのに、と夢を膨らませています。

自分のポテンシャルにブレーキをかけずに

ありがたいことに、これまで関わってきた活動を通じて、素敵な大人の方々にたくさん出会うことができました。自分がなりたいと思える大人像が実在することは、私にとって将来への励みです。

以前は、将来は国際連合に入って仕事をしたいと思っていたのですが、行政機関で働く皆さんから「ハードな仕事だけど、すごくやりがいを感じている」というお話を聞いて、夢みる内容が変わりました。対外的な視野を磨くために、いったん海外に出て学んだ後で日本に戻ってきて、人の役に立てるような行政の仕事に関わってみたいと考えています。

働き方改革といわれるように、今の時代の働き方には新しい価値観が登場しています。例えば、一つの会社に執着することなく、自分にとってベネフィットのある働き方をしたいと考える若者は少なくないと思います。価値観が多様化しているからこそ、多様な意見が受け入れられる度量を示す企業には、若者が集まってくるのではないでしょうか。

私が魅力的だと感じる企業は、トップが子どものようにワクワクしながらアクションを起こしている企業です。自分の思いを貫いて実際の行動に移せる人は、年齢にかかわらず格好いいと思います。社員の皆さんも仕事を楽しんでいて、「これをやりたいのだけど、誰か一緒にやらない？」と周りに呼び掛けられるような風土の企業なら、面白いことをしてくれるだろうとワクワクします。

もちろんアクションを起こすことにはリスクも不安もあることは承知ですが、リスク回避のために簡単に諦めてしまうより、どうすれば実現できるかを考えて努力する姿勢や行動を見せてくれた方が素敵です。

自分の考え方を見直し、新しい行動を起こしたいという勇気が生まれるのは、誰かのパワーに触発されたときだと思います。だから、自らのパワーを過小評価したり、ポテンシャルにブレーキを掛けたりするようなことは、もったいないです。皆さんが想像する以上に、若者は大人に期待しているので、ぜひ、大人世代の人たちのパワーを若者に見せつけてほしいです。

第3章

Z世代の若者が期待する未来

本章に登場するのは、日本経済新聞社が主催・共催する二つのコンテストで、最優秀賞を受賞した学生たち。より良い社会に変えたいと考えぬいた提案を振り返り、自分たちの歩みの先にある未来への期待を座談会形式で語ります。

速水 ほのか さん

はやみず・ほのか

原 心咲 さん

はら・みさき

小林 元春 さん

こばやし・もとはる

ROUND-TABLE DISCUSSION

妥協のない対話の時間を繰り返してつかみ取ったのは「最優秀」の栄冠と自信

第23回 日経STOCKリーグ 最優秀賞
同志社大学 経済学部 新関三希代ゼミ3年
チーム「pistachio!」

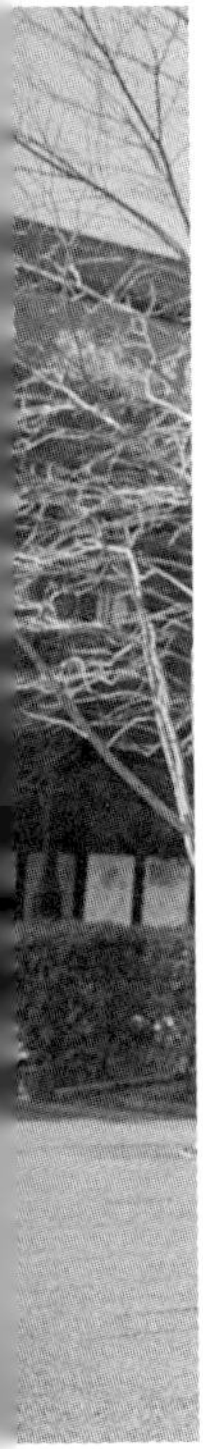

奥野 雄人 さん
おくの・ゆうじん

石津 玲奈 さん
いしづ・れな

日経 STOCK リーグ

日経 STOCK リーグは、中学・高校・大学生を対象とした投資教育を目的として企画された、コンテスト形式の金融・経済学習プログラム。バーチャル株式投資システムを利用して経済を体験し、学び、考える。その成果として作成・提出されたレポートが評価され、各賞が決定する。

2022 年度（第 23 回）は同志社大学経済学部の新関三希代ゼミに所属する 3 年生 5 人で編成されたチーム「pistachio！」が金融担当大臣賞ならびに最優秀賞を獲得した。

リーダーの直感で編成されたチームが絶妙のバランス感を発揮

――金融担当大臣賞ならびに最優秀賞受賞おめでとうございます。チーム pistachio! のテーマは「RE‐BRANDING!～日本産食品を世界の「あたりまえ」に～」でした。どのような経緯でチームが編成され、このテーマにたどり着いたのですか。

速水　ありがとうございます。私たちが属している新関三希代ゼミでは、ゼミ活動の一環として、3年次の学部生は毎年、日経STOCKリーグに挑戦しています。2022年はゼミから5チームがエントリーすることになり、まずリーダー希望者を立候補で募りました。そこで私が手を挙げて、自分のチームに所属してほしいメンバーを募ってチームを編成したのですが、結果的に最高のメンバーをそろえることができました。

原　集まってみたら、メンバーの経済的価値観が大きく違っていて、テーマを検討する段階から激論を戦わせていましたけどね。

小林　原さんと僕の意見が、ちょうど対極だったからね。僕は社会的利益よりも経済的利益の方が大事だと主張したけど、原さんは全く真逆で。

原　私はとにかく社会課題を追求するテーマに取り組みたかったので、社会的利益を重視したテーマばかりを考えていたから、経済的利益の追求と言われても共感できなくて。

石津　二人の意見が相対している上に、どちらも主張が強かったので、最初からディベートのような対立構造になっていたよね。私のスタンスはちょうど中間で、「双方の意見を掛け合わせたらいいのに」と思っていたので、中庸を意識しながら、自分の意見を伝える

「最初から、お互い妥協せずに意見をぶつけ合いました」

（速水さん）

ようにしていました。

奥野　僕も、石津さんと同じスタンスでした。経済的価値と社会的価値はどちらも重要だからこそおろそかにはできない、どちらからもいいとこ取りができないかと自分なりに模索していました。

速水　私はリーダーとして、着地点を探していました。テーマを確定しないと先に進めない、でも、どちらかを選ぶという決め方はしたくない。そうした思いを先輩がたに相談したら「チームの方向性を決めるのはリーダーなのだから、自分の思いはきちんと主張しないといけないよ」とアドバイスされたので、まずは自分自身のスタンスを明確にすることを意識しました。

どちらの意見に対しても、良い点は認めて、気になる点があれば指摘する。それを繰り返しながら、自分の意見をしっかりとメンバーに伝えることを心掛けていました。

小林　僕たちも、相手を言い負かしたいと思っていたわけではないので、自分の意見をひと通り出し終えた後は、どのような切り口なら経済的利益と社会的利益を融合できるのかという思考にシフトしていきました。やがて、原さんから「農業」に着眼したテーマが提案されたのです。

原　社会課題を内包しながら、現実的なビジネスプランが考えられるのはどの業界だろうと考えた結果、一次産業を思い付きました。それでも、全員が納得して取り組めるテーマにたどり着くまでには、しばらく時間が掛かりました。

奥野　原さんの最初の提案は、まだ社会的利益に寄りすぎていたからね。経済的利益は必要だから、「農業を救う」から「農業で稼ぐ」という視点で考えてみようと、全員が納得したことで、ようやく光明が見えました。

速水　お互いが本音で意見を出し合ったことで、それぞれの意見のいいところを吸収して融合することに前向きになれた。それが私たちの強みだったと思います。

石津　両極端と、中庸に位置するメンバーがいて、それぞれ違う立場からスタートして意見をすり合わせたことで、バランスの取れたテーマに落とし込めたのだと思います。自分でも、物事を多角的に見る力が養われたと感じています。

妥協せずに意見をぶつけ合えたのは、日頃の信頼関係があったから

――それだけの激論を交わしていたら、お互いの関係性がぎくしゃくするようなことはなかったのですか。チーム内で議論を前向きに進めるために、それぞれ工夫したことなどがあれば教えてください。

原　小林くんとは、もともとの関係性が良かったので、言いたいことが言い合えました。確かに教室の中では、意見が相いれなくてバチバチと火花を散らしていたのですが、教室から一歩外に出たらスイッチを切り替えて、同じゼミ仲間で仲のいい友人でいられました。お互いの主張を認め合えるだけの信頼関係が築けていたので、言葉を裏読みすることもなく、素直になれるところは素直になれた。その結果、建設的に議論を進められたのだと感じています。

小林　僕もそう思います。自分の主張だけを押し付けようとするのでなく、意見を出せば耳を傾けてくれることが分かっていましたから。意見の相違はあったけれど、しっかりと対話できていたと自負しています。

奥野　議論が白熱すると、表面的な印象だけで判断してしまうことがあるので、水掛け論に陥らないように、客観的な視点からお互いの主張のメリットやデメリットを探るようにはしていました。

石津　不明点や疑問点が浮かんだら、遠慮せずに質問するようにしていました。それぞれが提案するプランの意図や、どうしてそう思うのか理由をきちんと理解してからの方が、より良い方向性を探れると思ったからです。それに、分からないことを分からないままにすると、言いたいことが言えなくなってしまうので、疑問を後に残さないように心掛けていました。

速水　メンバーの誰もが「妥協はしない、とことん話し合って、聞く耳を持つ」という姿勢を貫けたのが良かったと思っています。

小林　どっちかの意見を選ぶのでも、何かを諦めたり妥協したりするのではなく、それぞれが納得できる形に融合させていく。それを全員で模索したのだと考えています。

「信頼関係があったから、反論も素直に聞けました」

（原さん）

原　自分の意見が完全に正しいとは思わないし、小林くんの意見も100％の正解ではない。それはおそらく、チームの誰もが分かっていたと思います。メンバーから指摘された疑問点や問題点には、的を射たポイントがいくつもあったので、そこは素直に認めて、じゃあどう改善したらいいかな、と問いかけるようにしていました。

奥野　僕自身は、もともと地域産業について興味を持って取り組んできたという背景があります。それだけに「農業」というテーマが浮上してからは、自分が調べて得ていた知識を生かしながら、現状の問題点や根拠などを示す形で、それぞれの主張を補強できたと思っています。

小林　言いたいことを全て言い切らせてもらえるのが良かった。言いたいことを言わずに飲み込んでしまっていたとしたら、心の中に納得できない思いが残ったでしょう。

「失敗を恐れず、
挑戦する勇気を得られました」

（石津さん）

自分の意見がしっかりと言えたからこそ、相手の意見もしっかりと受け止めることができた。相手の主張も取り入れながら、メンバーからの指摘や疑問も踏まえて自分の中で整理する。そうしたステップを踏めたので、前に進むために、本気で対話しながら、チーム全体で道を探しているという感覚で取り組めました。

「何度失敗しても、やり直せばいい」繰り返されるダメ出しの中で担保されていた心理的安全性

石津　チーム内だけでなく、ゼミ全体の後押しも大きかったと感じています。

奥津　メンタルは強化できたよね。

原　ゼミ活動として取り組んでいるので、毎週、進捗状況を発表して

先輩や教授に意見をもらいますが、厳しい指摘も中にはありました。

厳しいフィードバックを受ける度に落ち込んだり反省したりはしましたが、それを繰り返すうちに、いくらでも再挑戦していいのだと気付きました。失敗してもそこで終わりじゃないなら、失敗することを怖がる必要はない。そう考えたら、挑戦へのハードルが下がりました。

石津　心理的安全性を担保しながら、たくさんの失敗を経験させてもらえたのだと感じています。失敗したら終わりと感じる恐怖心はなくなっていたので、新しい試みにも、肩の力を抜いて取り組めるようになりました。

速水　他のチームの進捗状況も分かるので刺激になったし、自分たちのプランに対して全員が一緒に考えてくれる。同じコンテストに参加する他チームのメンバーも「もっとこうした方がいいのでは」

と意見を出し合ってくれて。ゼミ全体で協力し合いながら、各チームのレポートを全員の力でブラッシュアップしてきました。いわば、ゼミ全員の共著だと考えています。それが評価されて、全員が喜んでくれたことが、なによりもうれしかったですね。

社会の仕組みを感じたことで広がった視野と、身に付けた力

――日経ＳＴＯＣＫリーグへの参加は、自分にとってどのような経験になりましたか。

小林　多方面から物事を見る力が付いて、企業を見る角度や社会に対する視野が広がったと実感しています。

例えば、社会的なニュースや経済に影響するような出来事が起こったとき、企業はどのように動くのか。その動きに投資家たちが

反応することで、どのように株価が動くのか。その動きを追っていくと、さまざまな要因が複雑に絡み合い、連鎖的に動いていくことが理解できるようになりました。

奥野　答えがない問題に対しても、自分たちなりの仮説や問いを立てて、答えを探していく力が身に付いたと感じています。社会課題の解決には個人的にも興味があったので、ゼミ以外にサークルでも活動に取り組んできたのですが、日経ＳＴＯＣＫリーグへの挑戦によって、自分が目指す将来像の輪郭が明確になりました。

僕たちが取り組んだテーマは農業ですが、それを核として関連する企業は多岐にわたりますし、企業を成長させるには、他の業界との連携も必要です。連鎖的に農業以外の視点も養えたと自負しています。

石津　私はニュースを見る目が変わりました。これまでは、流れてくる情報をただ受け取る受動的な姿勢でいましたが、企業目線や投

「企業を見る角度、社会を見る視野が広がりました」

（小林さん）

資家目線など、多角的な視点から物事を考える訓練ができたことで、一つのニュースに対する受け取り方も変わったと感じています。

国際情勢に関しても、日本は日本、世界は世界と、無意識に分断して考えていました。国際社会の動きが日本に与える影響や日本の動きが世界に与える影響は想像以上に大きいことに気付き、日本と世界をつなげて国際的な視野で考えられるようになったことは、私にとっての一番の変化です。この力は、今後も自分自身の強みにしていきたいと思います。

原　私もニュースを見る目は変わりました。日経ＳＴＯＣＫリーグを通じて、自分たちで主体的に学んでいく力を身に付けたことで、ニュースで伝えられる一つの出来事から、派生する影響を考えるようになりました。これまで意識していなかった分野にも新たに興味が湧いて、能動的に調べて情報をキャッチアップしようとする習慣が付いたことは、これから社会に出る上でも役に立つ力になると思っています。

速水　学びを得ていく中で、物事に「絶対」はないのだと実感しました。例えば、企業の業績を数値だけで判断すると、上昇していれば好調で、大きく下降していたら、企業の力が失墜したように見えます。短期的に見たらマイナスです。

でも実は先行投資のための支出が大きくなっていただけなら、長期的に見れば必要なお金の動きであり、将来は会社の成長に作用します。企業価値を図るには、短期的な視野と長期の視点の両方を兼ね備える必要があるのだと気付きました。

やがて社会を担う若者が期待する企業の理想像

――企業研究をした中で感じた、企業の理想像はありますか。若者世代の一人として企業に期待すること、望むことは何ですか。

原　私は社会貢献を重視して考えているので、誰かのニーズに応えようとする企業にシンパシーを感じます。

個人的な意見ですが、物質的なものから得られる喜びや幸せは長続きしないと思います。満足するのは一瞬だけで、やがて「まだ足りない、もっとほしい」という欲望が無限に高まってしまう気がします。それよりは「誰かのために」という思いで目標を掲げ、達成して得られる充実感の方が、より長く強く続くと考えます。だからこそ、経営者の方には「誰かのために何かをしたい」という社会貢献の思いがモチベーションの根幹であってほしいと願っています。

奥野　僕は理念やビジョンをオープンにして、広く知ってもらおう、伝えようとする姿勢のある企業に好感を持っています。企業が新しいことに取り組もうとするとき、トップの意向は全社的な決定になってしまうことから、経営者の発言や姿勢が慎重になることはあると思います。例えば、ESGやSDGsなど、近年新しく登場した概念への取り組みには、データの蓄積や前例がないことから明言を避け、様子をうかがうような消極姿勢になる企業が多く見られます。重責を担うのですから慎重になることも理解できますが、信念を持って目指す方向性を明確に示してくれるような経営層が率いる企業の方が、応援のしがいがあります。さらに、従業員を大切にする姿勢が伝わるビジョンを掲げていてくれたら理想的です。

速水　企業は営利団体ですから、社会貢献だけを目指してもサステナビリティーは望めません。新しい取り組みに対するポテンシャルを見いだして、前向きに取り組んでいく姿勢が必要だし、それができる企業が成長していくのではないかと期待しています。社会的なニーズから省エネや再エネに取り組まなければいけないという受動的な姿勢ではなく、そこに収益性が見込めるから取り組むというマインドを持つ企業の方がポテンシャルは高いと感じています。

小林　経営者に求めることは、大きく分けて二つあります。一つ目はパッション、情熱を持って取り組むこと。二つ目はダイナミクス、動的な適応性を持つことです。

私が考える経営者のパッションは、大衆に迎合するのではなく、自分の思いを貫く力です。多様化が求められている時代ですから、パッションを持って思いを貫いていれば、それがどれほどニッチな思いだとしても賛同して付いてきてくれる人は必ずいると思います。

そして、未来が見えない不確実な時代だからこそ、適応力を発揮してダイナミックに動いてほしいです。私たちの世代からみると、ＳＤＧｓもＥＳＧも形が変容しつつあると感じています。前例のある既定路線をなぞるのではなく、常に新しい未来を考えるという、思考面でのダイナミクスが必要です。さらに、思いがけない有事が発生したり、頻発したりするときも機敏に対応する行動面でのダイ

「企業姿勢として、ビジョンを明確に示してほしい」

（奥野さん）

ナミクスが望ましいと感じています。

経済的利益と社会的利益の中庸をしっかりと形づくることがESGの新しい姿になり得るのではないかと考えています。

石津　就職したい企業という視点から考えると、従業員の前向きな挑戦を応援してくれる企業で働きたいという思いがあります。私にはまだ社会経験はありませんが、ゼミ活動を通じてさまざまな課題に挑戦し、何度も失敗する経験を繰り返しながら、それでも大丈夫だと思えるマインドになりました。「失敗してもいい、やり直せばいい」と受け止めてもらえたことで、挑戦する勇気を持って成果を出すことができました。

企業トップの重責を考えたら、失敗のリスクを許容して「やってみなさい」と背中を押してくれる懐の広さがある経営層は尊敬に値すると感じています。

企業に望むからには、自分もいつでも挑戦する姿勢を持ち続けたい。指示されたことだけを黙々とこなすのではなく、より良い方向に進むために提案ができる自分でありたいと思っています。

社会をどう担うのか、自分に何ができるのか目指したい未来の輪郭が明確に

――まもなく卒業して、社会人となる自分を意識し始めている時期だと思いますが、将来の目標はありますか。

石津　国際社会では経済大国といわれる日本ですが、国内では「失われた30年」といわれるほど長期の不況が続いています。企業研究をしてみると、私たちが生まれてからずっと低迷していたのだと、目に見えて実感しました。

とはいえ、これから自分が働く社会にも成長がないと諦めたくはないので、何か少しでも良くしたい、良くなってほしいという思い

を込めて、仕事に就きたいと感じています。

小林　僕自身の理想像は、異なる意見の間に立って仲介役ができるような社会人になることです。今回の日経ＳＴＯＣＫリーグの活動を通じて、たくさんの議論を重ねていく中で、異なる意見の中庸点を見つけていく過程が大きな経験になりました。この経験をもっと生かしていきたい。

社会には、二極化された事象があると思いますが、どこかに歩み寄れる中庸点があると思います。仲介するには、双方の意見を理解することが重要で、お互いの違いをしっかりと受け止めた上で、そのことを相手に伝えていくことが大切な役割になると思います。

例えば、アナログ世代とデジタル世代の間なら、アナログの良さを踏まえたうえで、デジタルの良さも分かってもらえるように、相手の立場に立って伝えていく。お互いの意見を橋渡しできる力を培っていきたいと考えています。

奥野　日本企業のサステナビリティ化に貢献したいという思いが強いです。持続可能な社会の実現には、あらゆるシーンでの対話が欠かせないと思います。誰かに任せきりにするのではなく、誰かの意見を押し付けるのではなく、お互いに意見を持ち寄ってすり合わせていく。前に進む道はそうした中から見つかっていくと考えています。その間にギャップがあるのなら、お互いの思いを翻訳して伝えられる人になりたい。小林くんとは別のアプローチから、仲介役として貢献したいと考えています。

文化や歴史的な背景は違っても、同じ目標を追いかけることで、お互いの目線を合わせられる。そうした意味で、ＥＳＧやＳＤＧｓは一つの共通言語という役割を果たしています。でも誰もが使いこなしている言語ではないので、その意味や意図を伝えられる翻訳者が必要です。そこで総合商社や経営コンサルタントなど、さまざまな業種の企業と関わりを持てる職業に就いて、世界言語を翻訳していく、そうしたキャリアを積み重ねることを目指しています。

原　私には、社会の全体像がはっきりとイメージできなかったので、社会のためという大きな枠で考えることは難しいことでした。だから、自分の身近にいる人たち、ゼミの仲間や家族、友人たちに向けて、何ができるだろうという視点から考えたのです。そして出した結論が、ウェルビーイングとウェルネスでした。

日経ＳＴＯＣＫリーグへの挑戦は、正直に言えば肉体的にも精神的にもかなりハードな体験でした。厳しいフィードバックを受け取った瞬間は気持ちが落ち込みますし、自分は何のために頑張っているのだろうと、目標や目的が分からなくなりかけたことすらありました。ゼミ活動と並行して、課外活動のフラダンスにも打ち込んでいたので、疲労がたまって心身の健康をそこなってしまった時期もありました。心や体が疲れてしまうと、ポジティブなエネルギーが弱まり、前に進もうとする力が阻害されてしまう。自分がしんどい経験をしたことで、ウェルビーイング、ウェルネス、心身の健康の重要性を実感したのです。

ウェルビーイングやウェルネスは日本だけの問題じゃなく、世界的な問題でもあります。本格的に学びを深めたいと思ったので、留学することに決めました。

速水　私は日本が大好きで、日本文化や日本人らしさを大切にしていきたいという思いがあります。今回、レポートをまとめるために「日本の食料品の輸出を拡大させるには」という課題に取り組んだことで、なおさらその思いが強くなりました。

企業の動きでお金の流れが変わること、その流れが他の企業や社会に影響を与えることを体験的に学べたことで、お金の流れを意識的に作ることができれば、社会を変えていけるかもしれないという希望的な実感が得られたのです。その学びから、金融機関で事業投資を担当しながら企業に介入し、世の中の仕組みを変えていきたいという夢を持つようになりました。

自分が日本人であるというアイデンティティーを大切にしながら、

日本企業の一員として、世界の人々を幸せにできる仕事がしたい。世界を舞台にした金融現場で、日本の存在感を示しながら、社会に貢献したいです。

自己主張だけでなく、聞く耳を持つ対話というう意識のキャッチボールが未来をつなぐ

――同じZ世代の若者に対して思うことはありますか。

小林　日経ＳＴＯＣＫリーグをきっかけに、仲間と協力して論文を完成させる過程で、対話の重要性に気付かされました。

僕らの世代は、デジタルネイティブと言われているように、幼い頃からＳＮＳや動画などの存在を知っていて、そこで発信をする人を見ているので、自然と自分がやりたいこと、言いたいことを他の人にアピールしようとする、自己主張が強い世代だと感じています。

ですが、遠からず、対話することと、そのベースになるコミュニケーションの重要性が問われる社会が来ると思っています。

対話は、自分の思いを主張し、相手の主張を受け止めながら、お互いの価値観を認め合うキャッチボールです。そうした対話を誰とどのようにするのか、考えてほしいと思っています。

石津　私も対話の重要性は、強く感じています。人それぞれに考え方があるので、価値観の違いやギャップから、分かり合えない違和感や疎外感を覚えることもあると思います。でも、一方的に自分の主張を押し付け、相手に理解してもらうことばかり考えるのではなく、自分の主張を分かってもらえるように伝え方を工夫する努力、意識をすり合わせるための努力はできるはずです。

力を合わせて取り組めば、両極にある意見をお互いが納得する形でまとめるという難関も乗り越えられるという経験をしたことが、大きな自信になっています。だからこそ、これからも対話を大事に

レポートは最優秀賞と金融担当大臣賞のダブル受賞に輝いた

したいし、他の人にも対話を大事にしてほしいと考えています。

原　自分の意志よりも、周りがそうしているからという理由で行動している人が少なくないと感じています。自分がどう生きるかは、自分にしか決められません。自分の人生なのに、周りに流されるのはもったいないと感じます。新しいキャリアに挑戦してみるのもいいし、生涯学習を始めてもいい。自分は何をしたいのか、自分の内なる声に耳を傾けてみてほしいと思います。

奥野　やりたいと思うことがあるなら、簡単には諦めずに、その気持ちを大切に持ち続けてほしいと思います。どれほどやりたいと願っても、壁にぶつかることはあると思います。僕自身、やりたい思いはあるけれど、続けていいのか思い悩んだり、挫折しかけたりしたことがありました。幸い、手を差し伸べてくれる周囲の人に恵まれたので、どうにか続けることができました。そのことは、とてもありがたいと思うし、諦めずに続けてきて良かったと心底感じています。誰もが環境に恵まれるとは限らないので、やりたい思いをサポートしてくれる仕組みや環境が整備されてほしいし、その応援はしたいと思っています。

速水　私は個人的に、誰もが北風と太陽の要素を持つ努力をしてほしいと考えています。人と向き合うときには、太陽のように明るくて和やかで、温かい気持ちにさせてくれる資質はとても大切です。その一方で、和やかな雰囲気を壊したくないからと、妥協した状態をつくるのは良いことではないと感じています。時には北風のように厳しいことを言い合える関係性が望ましいと思うのです。

対話は、相手の言葉を理解するためにも、自分の意見を伝えて分かってもらうためにも同じ目線で話すことが大事です。

ＳＮＳによる炎上などをみると、厳しいことを言ったら嫌われるかもしれない、叩かれるかもしれないと過敏になる人が増えていると思いますが、相手にしっかりと自分の気持ちを伝える、必要であれば厳しいことを伝えることも必要だと思います。

自分に正直に向き合ったら、同じ目線で向き合い返してくれる人がいることを、このチームのメンバーから肌で感じ取ることができたので、これからも北風と太陽という要素は持っていたいし、他の人にも持っていてほしいと願っています。

――本日はありがとうございました。

一同　ありがとうございました。

伊藤 砂羽 さん

いとう・さわ

情報通信システム
工学科3年生

上原 彩來 さん

うえはら・さら

情報通信システム
工学科4年生

知念 紅葉 さん

ちねん・このは

生物資源
工学科2年生

ROUND-TABLE DISCUSSION

社会課題を解決したい
という思いで
技術と知恵を持ち寄り、
新たな価値を生み出す

第1回 高専 GIRLS SDGs × Technology Contest 文部科学大臣賞
沖縄工業高等専門学校
チーム「パイナッポー」

高専 GCON

高専 GCON の正式名称は「高専 GIRLS SDGs × Technology Contest」。高等専門学校の女子学生を対象に、SDGs の視点から社会課題にどのように貢献できるかを考え、未来の研究者・技術者としてのさらなる成長を促すことを目的としたコンテスト（編成したチーム内に、男子学生の参加も可能）。

2022 年度にスタートしたばかりのコンテストで、沖縄工業高等専門学校（以下、沖縄高専）のチーム「パイナッポー🍍」は初めての文部科学大臣賞（最優秀賞）受賞チームとなった。

インパクトのある第一印象を残すことに成功し
トップバッターの重圧を跳ね飛ばす

――高専GCON初代の最優秀賞おめでとうございます。沖縄高専のプレゼンテーションの発表順は1番手でしたよね。かなり緊張したのではないですか。

知念　くじ引きで1番手を引き当ててしまったのは私です。本戦出場を果たした10チームの発表順はオンライン会議で決めたのですが、チーム代表として参加した私があみだくじで選んだところが、まさしく1番でした。

上原　「初めに発表するなんてどうしよう」と最初は思いましたが、私たちの発表に注目が集まり、自然と印象付けることができたので、良かったと思っています。

伊藤　高専GCONという新しいコンテストの最初の発表チームとなったことで、より印象に残りやすく、いい結果に結び付いたのだと思います。ただ、発表が終わるまではものすごく緊張しました。

上原　発表日の前日夜が緊張のピークでした。発表の後には質疑応答があることが分かっていたので、どのような質問をされても答えられるように準備しておかないといけないと思ったら、みんなで眠れなくなってしまって。ホテルの一室に集まって、遅い時間まで何度も練習を繰り返していました。

伊藤　十分に準備をしたつもりでも安心はできなくて、本番が近づくにつれて食事も喉を通らなくなって、舞台裏で出番を待っているときには倒れそうでした。

知念　私はチームの中で最初に発言する順番だったので、発表の前日までは緊張していたのですが、直前になったらむしろワクワクする気持ちの方が強くなりました。

伊藤　「つかみが大事」とアドバイスされていたよね。

知念　沖縄らしさと元気の良さを印象付けようと、第一声は大きな声で「ハイターイ！（こんにちは！）」と会場に呼び掛けました。思いっきり声を出したら気が楽になって、「せっかくつかんだチャンスなのだから、やるだけやろう」という気持ちになりました。

伊藤　４人が順番に入れ替わりながら発表したのですが、練習通りスムーズに進めることができたので、自分の出番が終わったらともかくホッとしました。

上原　最後の締めと質疑応答を任されたので足が震えていましたが、

チームワークで乗り切ることができました。

専門分野の異なる学生同士でチームを編成
お互いの知識を持ち寄ったことによる相乗効果

――チーム「パイナッポー🍍」は、生物資源工学科と情報通信システム工学科という異なる二つの学科がコラボレーションする形でできたチームだと伺っています。チームの成り立ちの経緯を教えてください。

知念　生物資源工学科に在籍しているのは私だけで、他のメンバーは情報通信システム工学科に在籍しています。プレゼンテーションの中でも説明しましたが、もともとは私の母が農業研究センターでパイナップルの栽培管理をしていて、猛暑の中で収穫作業をするときの悩みや苦労談を身近で聞いていたのです。そこで、ＩＣＴの力で効率化を図ることができないかと、情報通信システム工学科に属する同級生の石垣花緒さんに相談したことが、プロジェクト発足のきっかけになりました。

伊藤　知念さんから相談を受けた石垣さんは、宮城桂先生が担当される「創造研究」の授業の中で新しい問題として提起してくれました。「創造研究」というのは、各自の問題意識から創造性あふれる課題研究をしようという、沖縄高専の演習科目です。宮城先生が担当する課外授業では、学年を横断して、社会課題を解決するための自主的なチーム研究に取り組んでいました。

上原　知念さんの相談をきっかけに、「女性が活躍できるレジリエントな農業の実現」というテーマのプロジェクトが始動し、テーマに賛同した5人の情報通信システム工学科生が集結。知念さんを加えた6人で、チーム「パイナッポー」を結成したのです。

「農作業の効率化を相談したことから、プロジェクトが始まりました」

（知念さん）

知念　作業の効率化や負担の軽減は、農業の将来のために解決していかないといけない問題だと感じていたので、情報通信システム工学科の皆さんが学年を越えてプロジェクトに取り組み始めてくれたのはうれしかったです。ＡＩとドローンを使ったシステムを構築することで、ＳＤＧｓに貢献できるし、女性の活躍も推進できるなど、生物系の私には思い付かなかったようなアイデアが続々と飛び出してきたことに驚きました。

伊藤　農業は「きつい、汚い、危険」の３Ｋ労働だというイメージがあり、女性の活躍の妨げとなっています。それならば、これからの農業のイメージを「効率的、強靱、稼げる」という新たな３Ｋに変えられるようなシステムを作りたいと考えながら、アイデアを出し合いました。

知念　私は情報工学のことはあまりよく分からなかったので、ドローンを自動制御して、上空から撮影した画像を解析することで、収穫予測ができるという考え方はすごいと感心しました。それならば、人が一つ一つの株を確認しなくても良くなるので、効率化が図れます。

伊藤　パイナップルの成長具合を自動的に観測して、収穫時期や収穫量が予測できれば、毎日見回る必要もなくなり作業効率が上がります。ただ、パイナップル畑は広大なので、定点カメラを置くとコストが掛かってしまいます。畑の上にドローンを飛ばして上空から撮影し、ＡＩで分析するのが一番いいということで、ＡＩとドローンの活用はすんなりと決まりました。

上原　実は、ＡＩとドローンを活用して収穫量を予測するシステムは、キャベツを対象に先行研究が進んでいたので、その発想をパイナップルに応用できるのではないかと考えたのです。ただ、既存の物体検出モデル（SSD）は対象物を四角形で囲んで識別していましたが、パイナップルは放射線状に葉を広げて成長していくので、個体を円形で検出できるように、サークルSSDを開発。さらに、上空から3～4センチ程度の小さな蕾《つぼみ》も検出できるように超解像AIを用いるなど、独自の機能を盛り込みました。

知念　小さい蕾を検出するために、AIを改良して超解像にすれば見えるようになるのでは、という発想が出てきたことには驚きました。私も含めた一般的な感覚では、高性能なカメラを手に入れようとか、もっと近くから撮影しようという発想になってしまったでしょう。AIが持つ可能性で、いろいろなことが解決できるのではないかと期待が増しました。

上原　このプロジェクトは、情報通信システム工学科だけでは実現できなかったと思います。知念さんが持っている農作物に関する知識は、システムの精度を高めるための重要な手掛かりになりました。

伊藤　例えば、パイナップルの品種の違いによって収穫時期が少しずつ異なり、「この種類は早い」「この種類は遅くなる」などということは、情報通信システム工学科の私たちだけでは知り得ない情報です。そうした情報をＡＩで分析するためのデータに取り入れることで、システムの性能向上につなげていけたのです。ＩＣＴを使い慣れない一般の人が感じる使いやすさや、システムの分かりやすさの感覚を確かめることもできました。

知念　お互いの学科専門分野が違うからこそ、視点の違いで出たアイデアとかもかなりありましたよね。

上原　多くの人が関わり合って、それぞれの立場から意見を出し合って対話を深めることが、より良いシステムづくりには欠かせないのだと思います。キャベツの収穫量を予測する先行研究を発展させることで、パイナップルの収穫に応用できるような新たなアイデアが生まれましたし、サークルSSDの開発には、岡山県立大学の方々の協力を得ています。

知念　AIやドローンなどの最新技術を取り入れつつ、誰もが簡単に農業の効率化を図るシステムが使えるようになれば、逆境をはねかえす適応力のあるレジリエントな農業の実現も夢ではありません。私たちのシステムがいつか誰かの役に立てたらいいと考えながら、システムの改善を進めています。

高等専門学校と女性技術者を後押し
ジェンダーの平等を意識したコンテスト

――高専GCONに参加して結果を残せた経験は、自分にとってどのような価値を生み出しましたか。

上原　実践的技術者を養成する高等教育機関として、国公私立高等専門学校（高専）の存在と、そこに在籍する女子学生の存在がクローズアップされたコンテストが開設されたことは、女性技術者を応援してくれるという意味で、とても喜ばしいことです。

伊藤　高専ＧＣＯＮはＳＤＧｓの観点からテクノロジーを生かして、社会課題の解決に貢献することがテーマでした。ＳＤＧｓに注目したコンテストだったことで、自分たちの研究とＳＤＧｓとのつながりをより強く意識するようになり、17ある開発目標のどの項目に貢献できるだろうと改めて考えることで、ＳＤＧｓへの理解を深めることができました。

知念　指導教員である宮城先生に聞いたところによると、学校全体

**「コンテストを通じて
SDGsへの理解が深まりました」**
（伊藤さん）

で高専GCONへの挑戦を後押しする動きが高まったのだそうです。沖縄高専からは私たちを含めて4チームが参加し、エントリー総数は全国で90チームに上ったので、本戦に残れただけでもすごいと思っていたのに、1位に選ばれたことでとても感激しました。

上原　チーム全員が、大きな自信を得ることができました。最優秀賞の評価をいただいたことで、自分たちが取り組んできた研究には価値があると認めていただけた気持ちになりました。

知念　人前で研究成果を発表したりするのは初めてでしたが、予想以上にうまくできたので、自信も度胸もついた気がします。機会があったら、他のコンクールやコンテストなどにも参加して、また発表の体験をしてみたいと思っています。

伊藤　発表した後には、いろんな方が話し掛けてくださり、こうしたらもっと良くなるというアドバイスもたくさんいただけたので、できれば社会実装を目指して、さらに研究を深めていきたいです。

コンテストへの参加によって獲得した自信と新たな興味への入り口

知念　高専ＧＣＯＮに参加してみて良かったことは、他の高専の方々のアイデアや意見を聞けたことです。すごく刺激になりました。育ってきた環境が違うと、着目するＳＤＧｓの内容も変わります。地元に密着した社会課題の解決に取り組むことで、そんなふうにＳＤＧｓに貢献できるのだという驚きもありましたし、自分たちでは思い付かなかった考え方やＳＤＧｓへの取り組み方があることが分かって、新しい発見にもつながりました。

上原　確かに、他の高専の方々の発表を聞いていたら、自分たちの研究にも取り入れられそうなヒントを得られたし、すごくいい刺激になりました。

——例えば、どのような発表が印象に残りましたか。

伊藤　私は海が大好きで海洋汚染の問題も気になっていたので、大島商船高等専門学校（大島商船高専）が提案していた「海面清掃における海洋ごみ捜索の自動化と回収船航路の効率化システム」の話は強く印象に残っています。海洋ごみを自動的に捜索して回収してくれるシステムがあることは初めて知ったので、沖縄周辺の海でも同じような取り組みが広まってくれたらいいと思って聞いていました。

知念　私は生物資源工学を専攻する学生なので、茨城工業高等専門学校（茨城高専）が発表した「ほしいも加工残渣の悪臭抑制」プロジェクトが印象に残りました。ほしいもの加工過程で発生する皮を、堆肥化して活用しようとしていること、そのための課題だった悪臭の抑制に取り組んでいる姿勢は、専門分野に近いテーマだっただけに興味が引かれました。

上原　私は集積回路設計や半導体の研究に取り組んでいた、有明工業高等専門学校（有明高専）の発表に刺激を受けました。シューティングゲームの要素を組み込みながらメタバース空間で半導体製造工程の流れを楽しみながら学べるという構成が、直感的に分かりやすくていいアイデアだと思ったからです。システムの操作や分かりやすさはとても重要だと思うので、私たちのシステムも直感的に操作できるように構築することで、誰もが簡単に扱うことのできるシステムにしていきたいと思っています。

伊藤　これを機に、他のコンテストなどにも挑戦して自分たちの研究を広めたり、新しいアイデアを取り入れたりしていきたいです。

SDGsを中心とした社会課題に対して、自分たちができること

知念　沖縄は海に囲まれているので、やはり海の問題の解決に興味があります。海をきれいにしたいという思いが一番で、沖縄高専がある辺野古地域では、赤土が海に流れ込んで水質を悪化させてしまう赤土流出が問題になっていて、流出を防ぐために植物を帯状に植えていくグリーンベルト活動などが始まっています。そうした活動の存在を広め、海をきれいにするために自分たちができることに取り組んでいきたいですね。

上原　私たちが取り組んでいる研究ではSDGsの17のゴール（開発目標）のうち、6つのゴールに着目しています。具体的には、2番（飢餓をゼロに）、5番（ジェンダー平等を実現しよう）、8番（働きがいも経済成長も）、9番（産業と技術革新の基盤をつくろ

「改良を重ねながら、誰もが使えるシステムを作り上げたい」

（上原さん）

う）、12番（つくる責任つかう責任）、13番（気候変動に具体的な対策を）です。他のゴールももちろん大切だと思いますが、今はこの6ゴールを目標として、深く貢献していけたらと考えています。

伊藤　中学生ぐらいからSDGsのことを知り、授業で取り組んできました。世界が目標と定めているからやるというよりは、こういう問題があるなら、自分たちでどうにか解決していかないといけないと感じています。最初は、食べ物を無駄にしないとか、ゴミを分別してリサイクルに役立てるなど、身近なことしか理解できなかったのですが、高専GCONへの参加を通じて、理解が深まるにつれ、自分たちが取り組めるSDGsはもっと他にもあるのではないかと、視野が広がりました。

上原　今、農業に携わっている人たちは年齢層が高く、ドローンやAI、ICTなどの新しい技術に明るい人ばかりではありません。

でも、使える人だけが使えるシステムでは意味がないので、誰もが直感的に使える、使いやすいシステムにしていくことが一番の課題だと思っています。

伊藤　上原さんは、卒業のタイミングで後輩たちにプロジェクトを引き継いだ後も、このシステムが社会実装されるまで関わっていきたいと言ってくれるほど、思い入れを持ってくれているのです。

上原　今はパイナップルを対象としたプロジェクトですが、他の農作物にも応用ができると思うのです。円形に検出する技術を開発したように、農作物に合った検出方法を開発することで活用範囲が広がると思います。多様な農作物でシステムが使えるように応用して農業のDX化を広げていくことで、持続可能な社会に少しでも近づけるかもしれないと感じています。

知念　私も、プロジェクトのきっかけを作った一人として、できたら最後まで見届けたいです。今は、生物資源工学科のメンバーは私一人なので、他の生徒にも参加を呼び掛けたいですね。

伊藤　農業のＤＸ化を図ろうとしたら、生物系の知識はもっと必要になるでしょうね。

上原　高専ＧＣＯＮでは、システムの計画を評価していただきましたが、まだ完成したわけではありません。完成までには、まだいくつもの課題をクリアしないといけないと思っています。現時点では、システム完成は２０２６年頃になりそうな見通しで、今はシステムの精度の向上に取り組んでいます。チーム「パイナッポー」は２０２３年春に２人の先輩たちが卒業されたので、現在残って活動しているのは４人です。人数が増えれば、その分だけ知恵やアイデアが集まるので、チームの輪をもっと広げていきたいです。

手にした技術を生かして実現したい夢、かなえたい思い

――それぞれ目的を持って高専に入学されたのだと思いますが、皆さんの将来の夢を教えてください。

上原　沖縄高専には、航空整備士やエンジニアとしての必要な基礎知識・技能を習得できる「航空技術者プログラム」が設けられています。４年生のときから、このプログラムを受講していて、将来は航空整備士になりたいと考えています。

伊藤　私は小さい頃からＣＡ（キャビンアテンダント）に憧れていて、航空業界で働くことを夢見てきました。生まれは関西なのですが、「航空技術者プログラム」が受講できることから、沖縄高専へ入学しました。

知念　私には、おいしい野菜を作って、野菜が苦手な子どもを減らしたいという思いがあるので、野菜や果物の品種改良に取り組む予定です。例えば、甘いピーマンを作り出せたら、子どもたちのピーマン嫌いも減らせるかもしれません。今よりももっとおいしい野菜を作り出していきたいです。

――高専GCONに挑戦して評価を得た経験は、その夢に影響を与えましたか。

上原　パイナップルの収穫予測のシステム構築に携わった経験は、航空整備士を目指す上でも糧になったと考えています。パイナップルの蕾や成長した個体をAIで検出するという考え方は、機体をくまなく確認して不具合を探すという航空整備士の大切な業務に生かせると思うからです。機体を点検して劣化している箇所や故障箇所がないかを確認する際、人の目で見極めるだけでなく、AIを使ってダブルチェックするようにすれば、見落としを予防して、より安全性を高めることができると期待しています。

また、これまではSDGsに対してあんまり深く考えておらず、航空整備士になる上でどのように関係してくるかも意識していなかったのですが、高専GCONに挑戦したことでSDGsに対する理解が深まり、航空整備でどのようにSDGsに貢献していくか、考えるきっかけになったと思います。

例えば、飛行機は1回運行するごとに、エンジンのファンなどの部品が少しずつ劣化します。もちろん1回の運行ですぐに駄目になるわけではないですが、確実にダメージが蓄積します。AIを使ってダメージの蓄積具合を検知することで、損傷による故障や不具合が起こるタイミングを予測でき、航空機の安全な運航を妨げるリスクを低減することができます。これは、SDGsのゴール12番「つくる責任つかう責任」につながる解決策になると思います。

伊藤　航空業界のシステムは、日々進化しています。国際線の搭乗の手続きのために顔認証システムが導入され、主要空港での本人確認に役立てられているといいます。航空業界で働いている方の負担を減らせるような仕組みが新しく取り入れられると、航空業界に関わる人や航空機を利用するお客様の笑顔が増えていくのではないかと思います。高専ＧＣＯＮで農業に従事する人への負担を減らすためのシステムづくりに取り組んだ経験を生かすことで、ゆくゆくは、航空業界のＤＸ化につなげたいと考えています。

知念　生物の分野でも、最近ではデジタル化が進んでいて、データサイエンスやＡＩなどの情報技術が必要とされています。これまでは、ＩＴ分野に苦手意識を感じていましたが、今回の経験を通じて多くの先輩たちと一緒に情報の分野に触れ、たくさんのことを学ぶことができました。ビッグデータの分析やＡＩ活用などが少し身近に感じられるようになったことは、私の中での進歩だと感じています。

私は小学生の頃からずっと同じ夢を持っていて、おいしい野菜や果物を作り出すことで野菜嫌いをなくし、みんなを笑顔にしたいと思ってきました。ただ、品種を改良したり、新しい品種を作り出したりするには、とても長い年月を要します。その間、元になる野菜や果物が健やかに成長し、収穫されなければ品種改良のための試行錯誤をすることができません。

そう考えると、農業が抱えるさまざまな問題を解決して持続可能な状態にしていくことが、私の夢をかなえるためにも不可欠なのだと、改めて考えるようになりました。夢の実現に向けて、今後も研究に取り組むためにも、農業の活性化にも尽力していきたいです。

一緒に夢を追いかけられるような女性技術者を応援したい

――読者に向けて、伝えたいことがあれば教えてください。

「女性の技術者が
もっともっと増えて、
活躍する未来を期待
したい」(一同)

知念　同じ世代の人を見ていると、農業に対して興味がない人の方が多いような気がするので、これを機に興味を持っていただいて、女性の方にもぜひ農業に参加してほしいと思います。

上原　いま開発しているシステムを実現することができれば、農業に対するハードルが下がり、女性や高齢者ももっと働きやすくなるのではないかと期待しています。パイナップルの収穫で実績ができたら、他の農作物や沖縄の特産物への応用へと広げていくことも考えています。

伊藤　こうして取り上げていただいたことが、少しでもさまざまな課題解決に取り組んでいる女性技術者たちの励みになってくれたらうれしいです。

上原　女性技術者の人数はまだまだ少なく、全体の5％にも満たないそうです。私たちはこれからも研究に取り組んでいきますが、お互いに刺激し合える仲間、一緒に活躍できる仲間が増えてほしいと期待しています。

知念　一緒にがんばりましょう。

――本日はありがとうございました。

一同　ありがとうございました。

あとがき

日本経済新聞に掲載された「今、若者たちと　～次の10年の話をしよう」というシリーズ企画から、2冊目の書籍が誕生しました。

「激動の時代」という言葉が使われるようになって久しいですが、新型コロナウイルス感染症（COVID－19）という世界的な災禍がもたらした変化は、まさに激動でした。先進国の中ではデジタル化の波に乗り遅れていた日本ですが、DX（デジタルトランスフォーメーション）への取り組みが進み、企業での働き方にも明らかな変革がもたらされています。

これからはミレニアル世代・Z世代の若者の力がより強く求められるようになるでしょう。有識者たちは、その未来を強く示唆しています。すでに若者たちは、自分たちにできることを模索し始めています。第3章に登場してくれた学生たちが社会課題の解決に向けて取り組んだ提案には、「持続可能な未来のために貢献したい、自分たちの声を届けたい」という思いがあふれていました。

変化の激しい時代の波を越えていくには、多様な価値観の融合が必要です。社会の中で人と関わり合って生きてきた年長者が積み重ねてきた経験と知識。デジタルネーティブと呼ばれるミレニアル世代・Z世代の若者たちが自然と体得してきた知見。それぞれの強みを相乗的に活用するには、目線をそろえて語り合い、お互いの価値観を尊重しながら意識を融合させることが必要なのだと、取材を通じて確信させられました。

今、若者たちと何ができるのか——その答えを導く鍵は「対話」です。第1章で登場した企業が示してくれたように、世代や立場の垣根を取り払ってお互いの声に耳を傾け、腰を据えて語り合うことで、目指すべき何かが見えてくるかもしれません。

本書が、そのきっかけの一つとなれば幸いです。

2023年8月

日経BPコンサルティング

今、若者たちと
Z世代と紡ぐ企業の未来

2023年9月6日　1版1刷

編　者　　日本経済新聞社、日経BPコンサルティング
発行者　　國分正哉
発　行　　株式会社日経BP
　　　　　日本経済新聞出版
発　売　　株式会社日経BPマーケティング
　　　　　〒105-8308 東京都港区虎ノ門4-3-12

装幀　　井上雅恵（日経BPコンサルティング）
印刷・製本　　中央精版印刷株式会社
本文組版　　クニメディア株式会社

ISBN 978-4-296-12207-3 Printed in Japan